殷虛書契五種

中册

羅振玉　羅福頤　類次

中華書局

殷虛書契前編卷六　集古遺文第一

上虞羅振玉類次

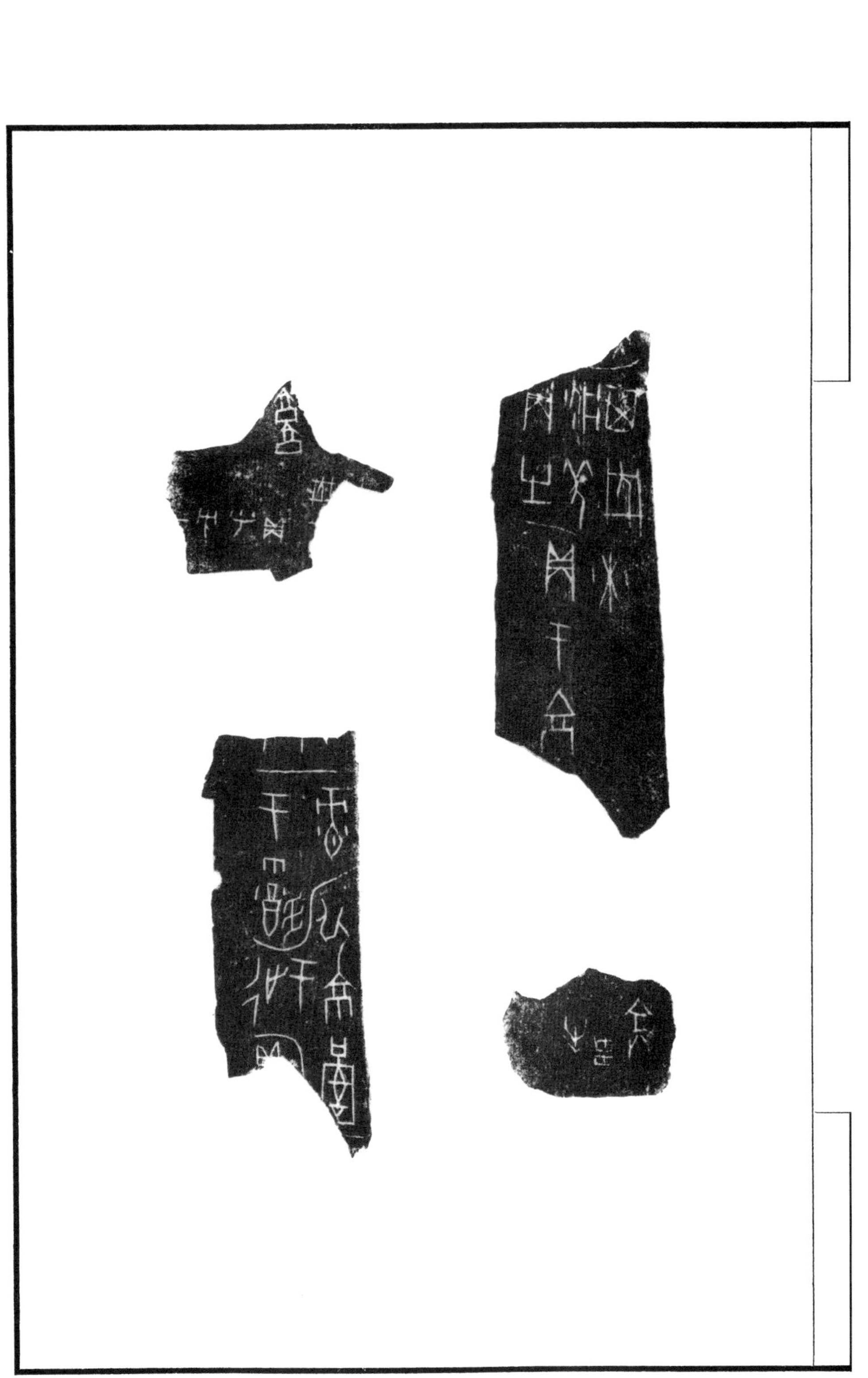

殷虚書契前編卷六

二

殷虛書契前編卷六

三

殷虛書契前編卷六 四

殷虛書契前編卷六

五

殷虚書契前編卷六

八

殷虛書契前編卷六

九

殷虛書契前編卷六

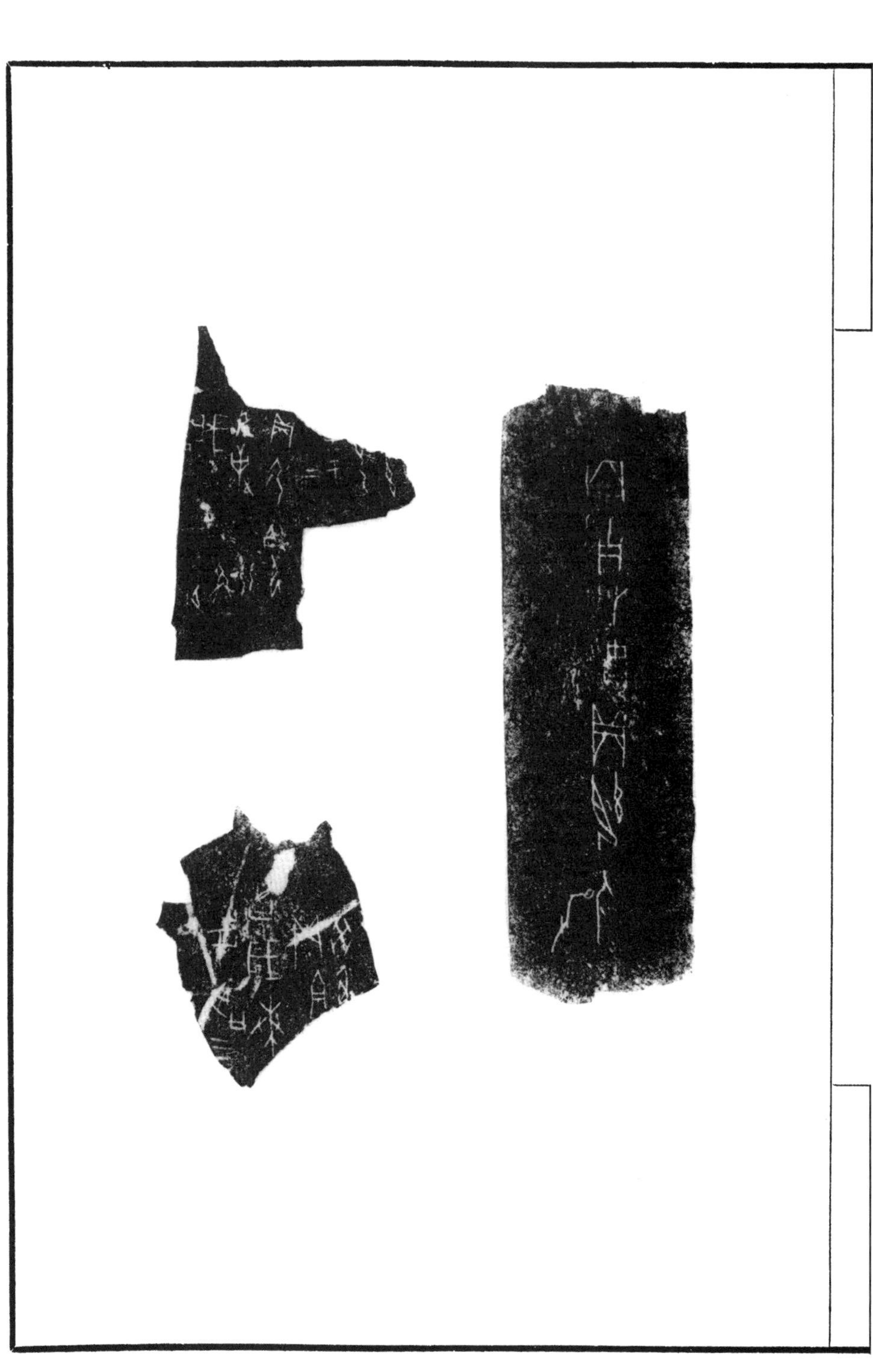

殷虚書契前編卷六 十三

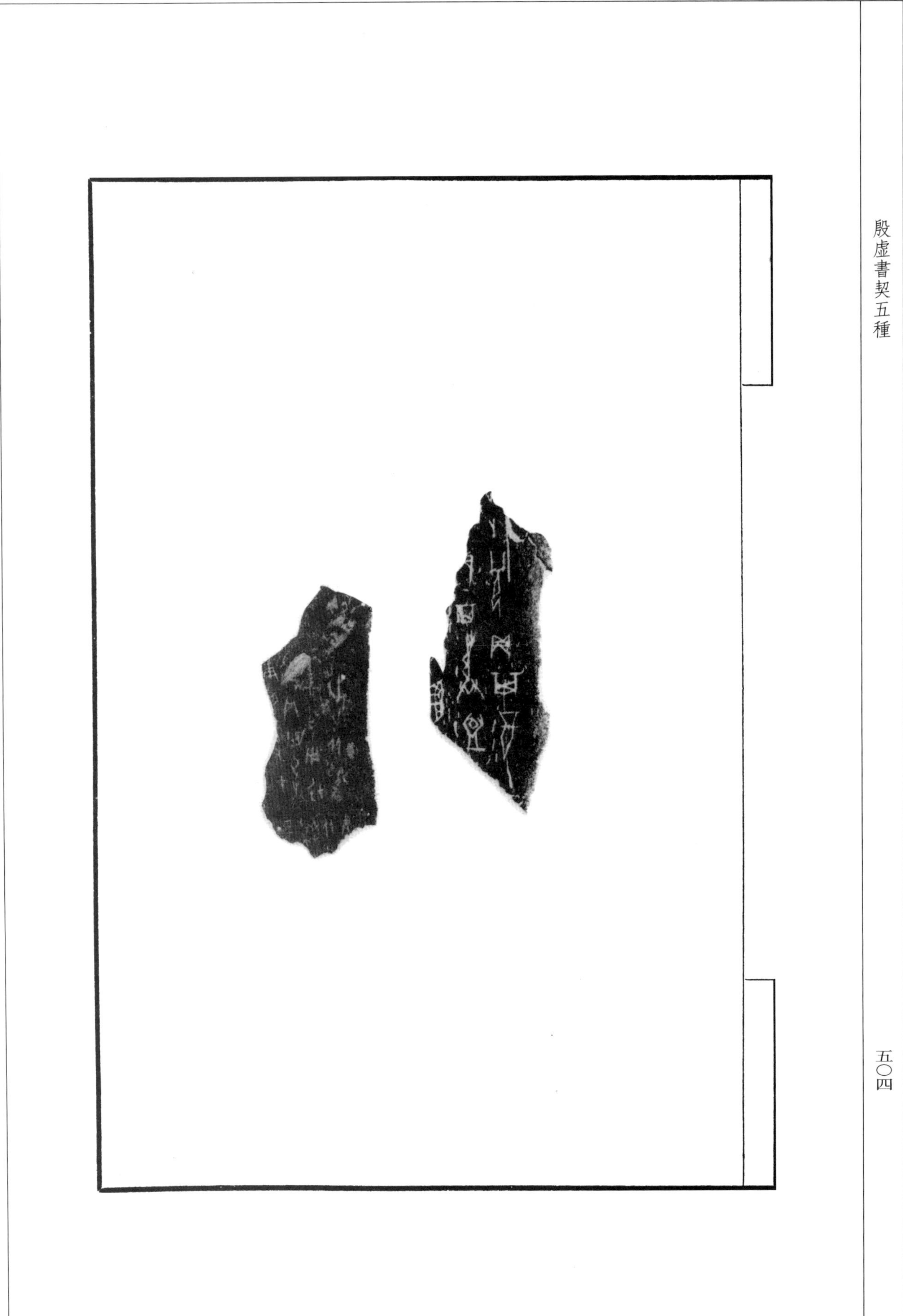

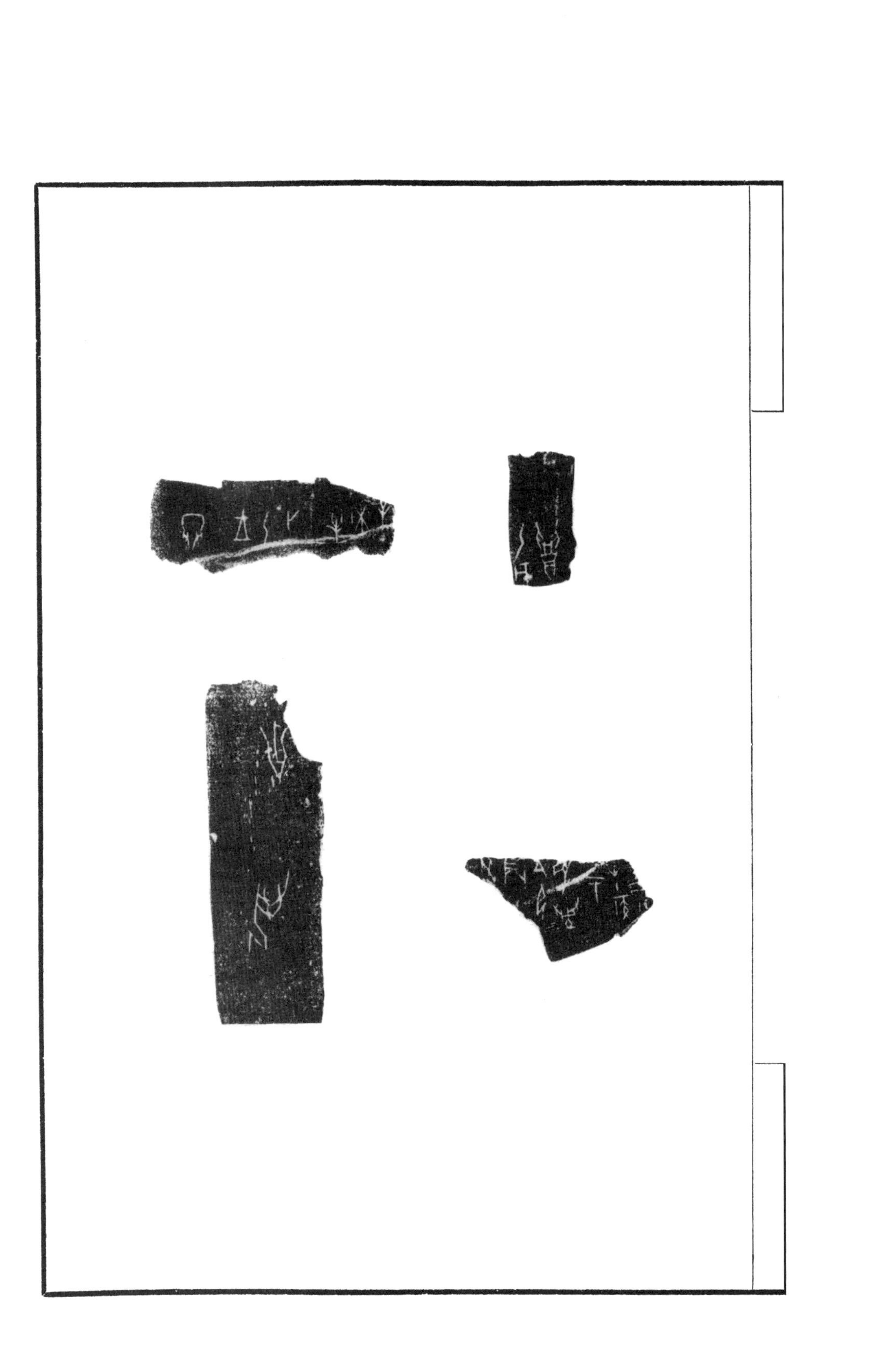

殷虚書契前編卷六

十五

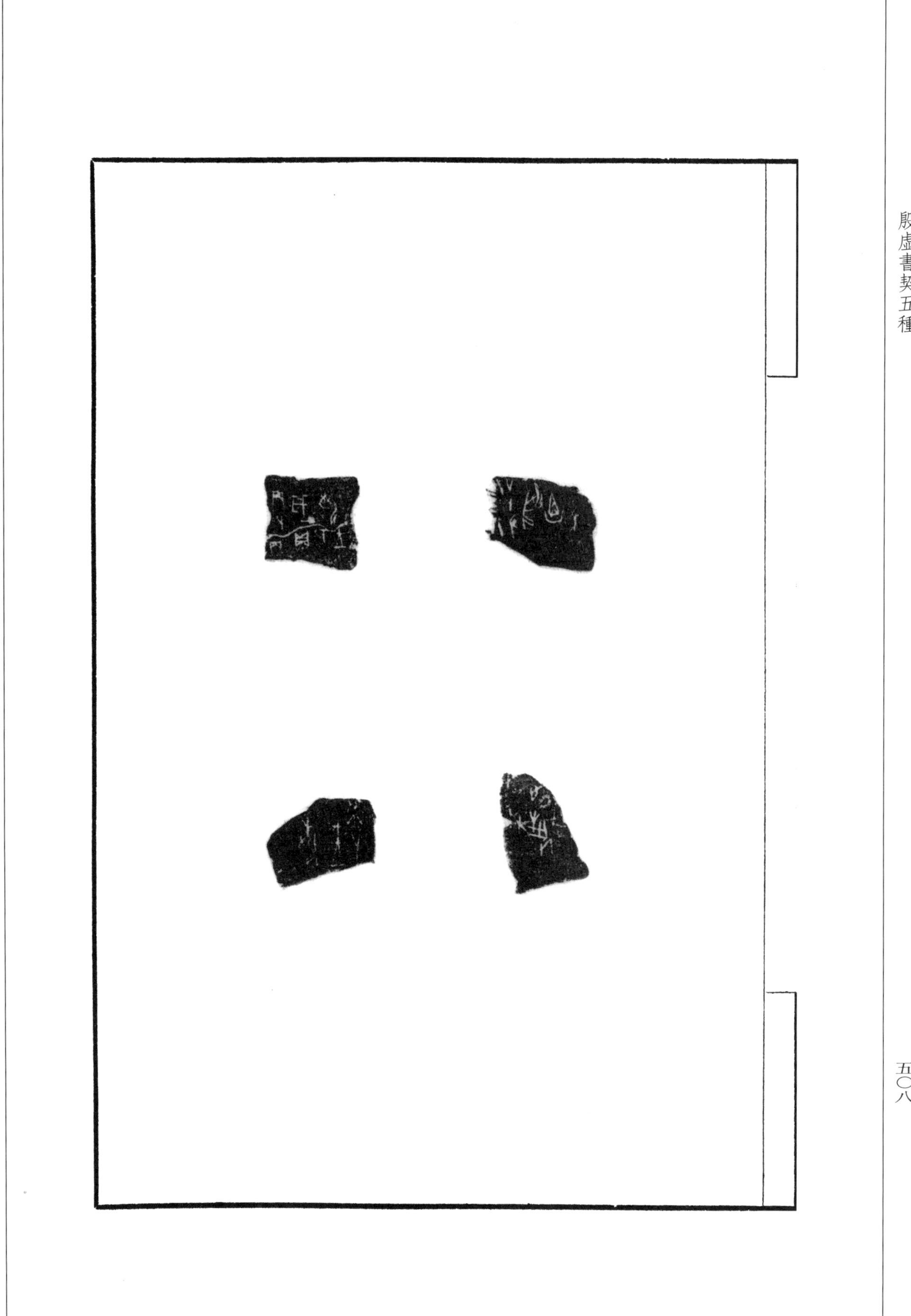

殷虛書契前編卷六

殷虛書契前編卷六

十七

殷虛書契前編卷六

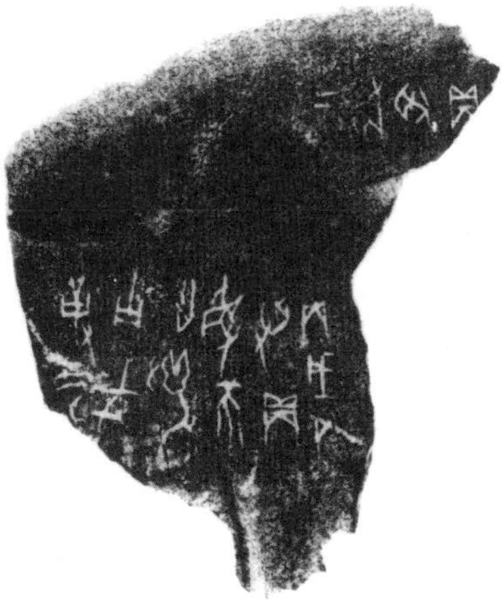

十八

殷虛書契前編卷六　二十

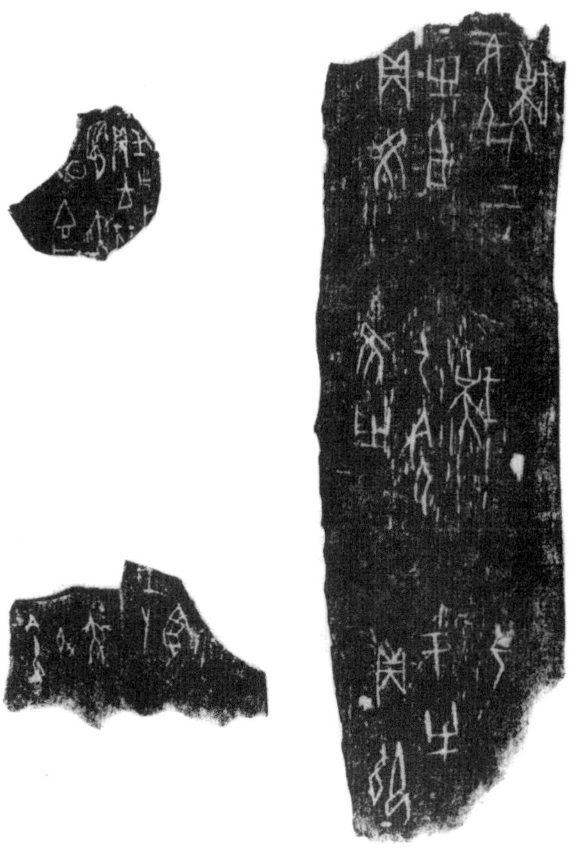

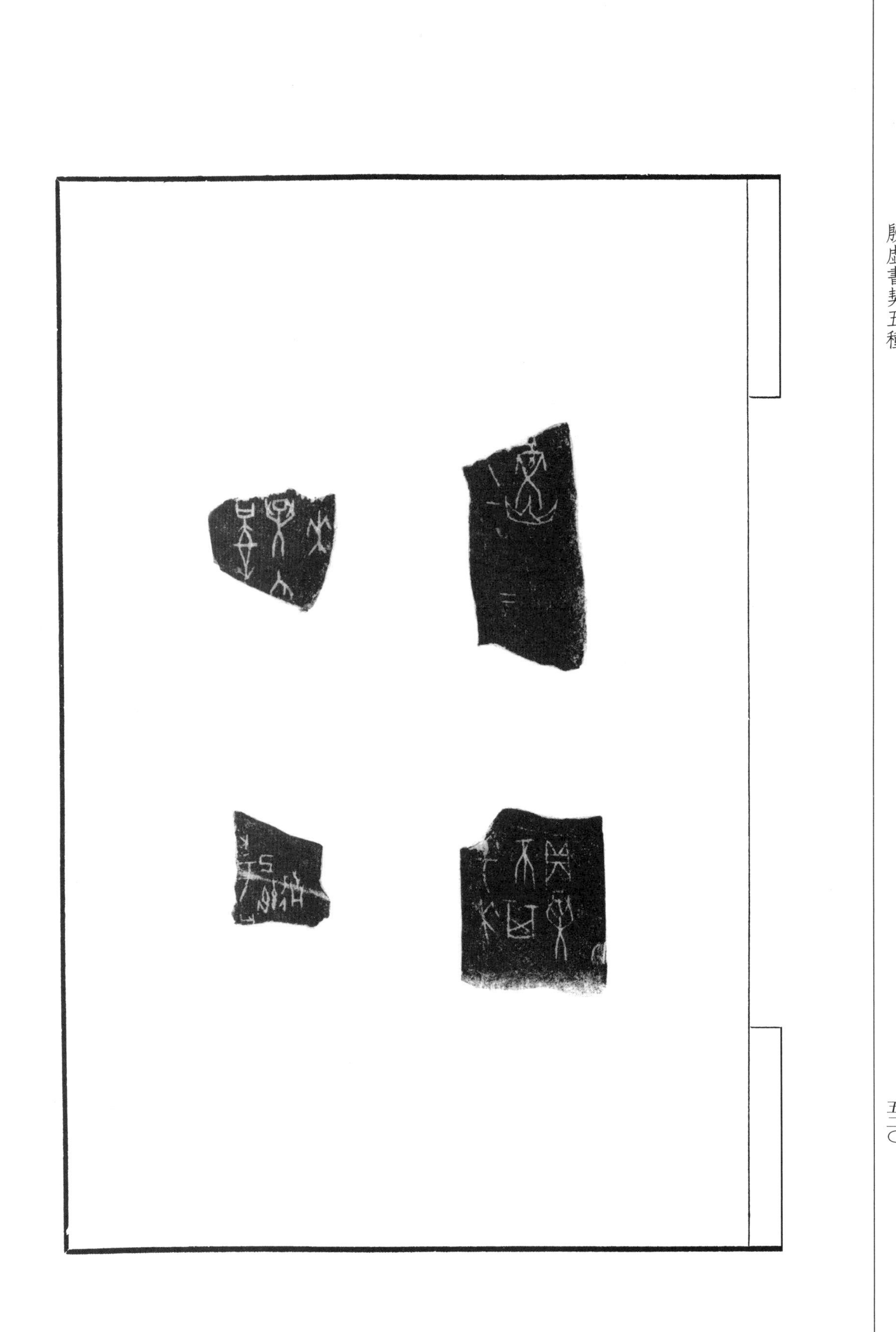

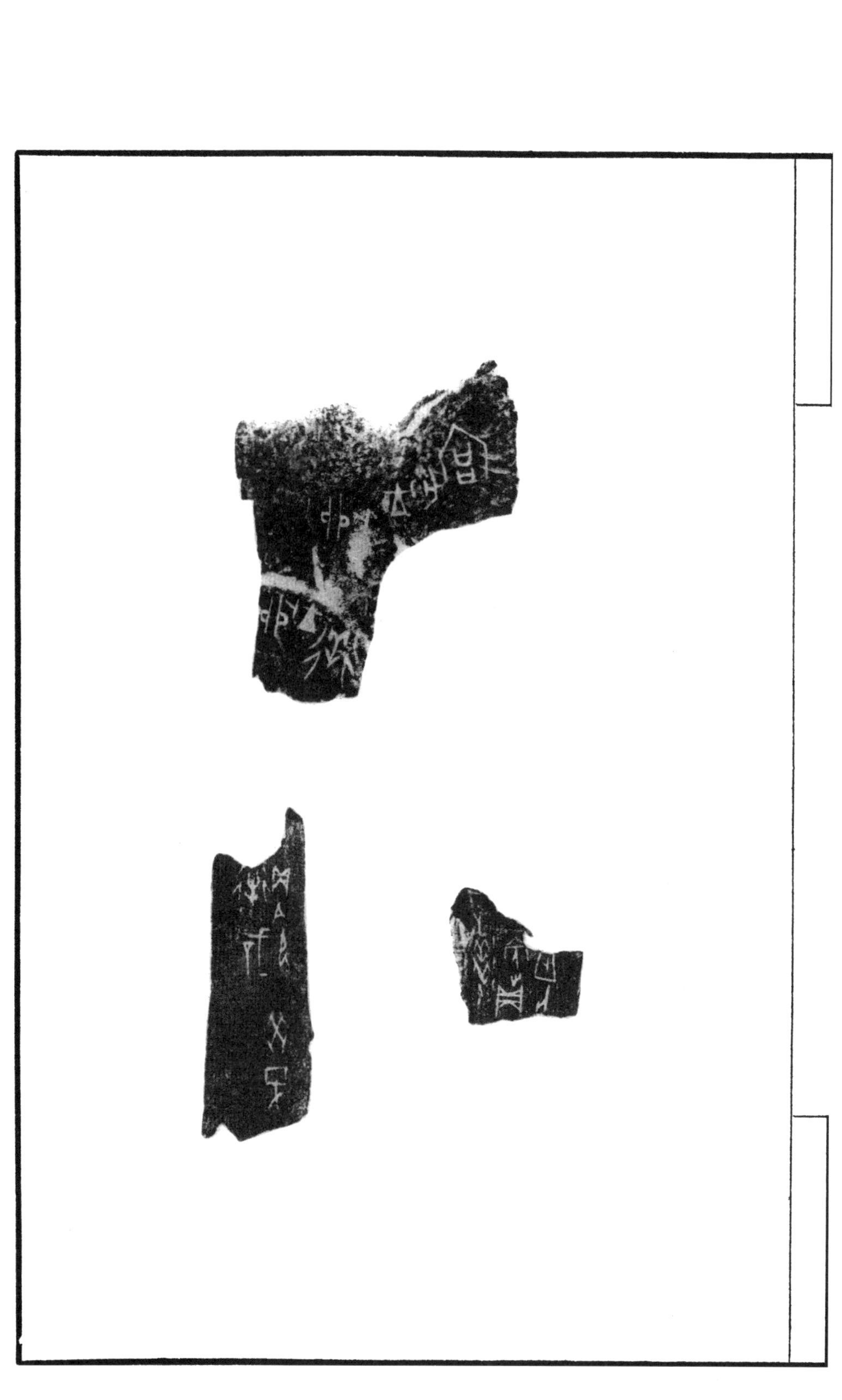

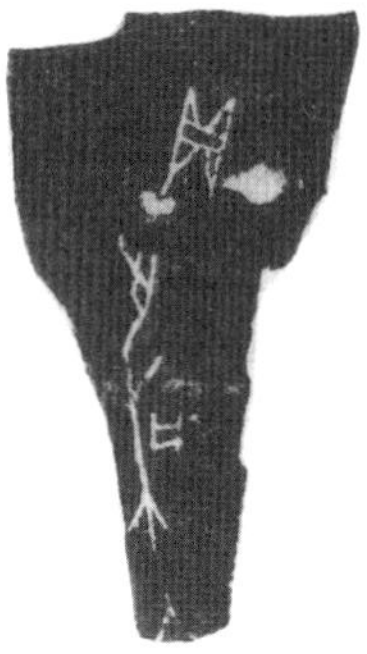

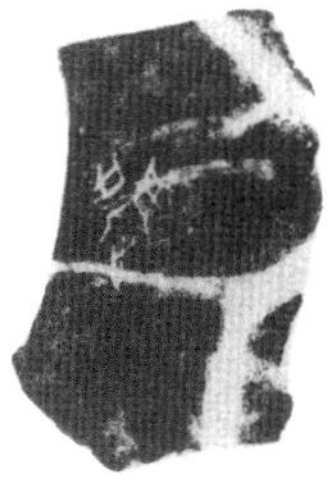

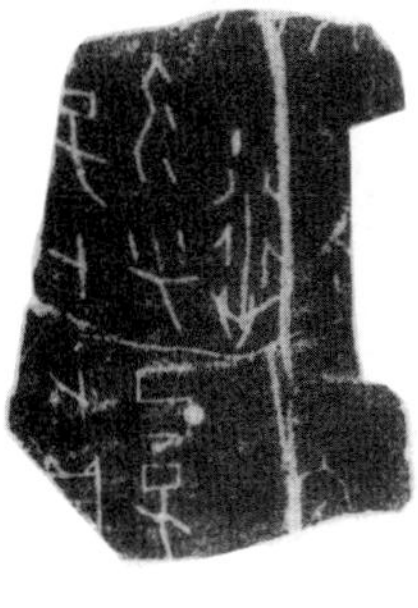

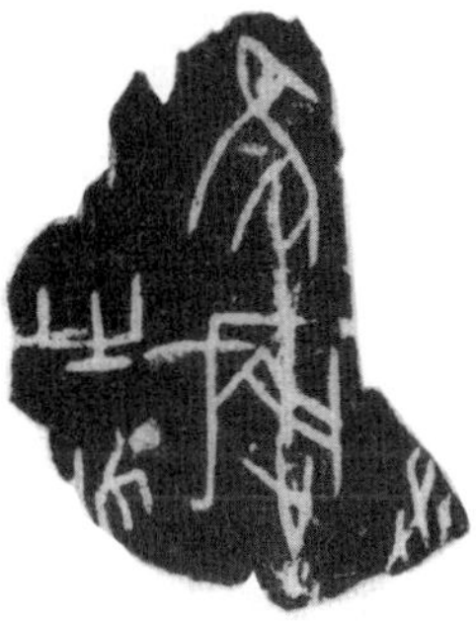

殷虚書契前編卷六

二十六

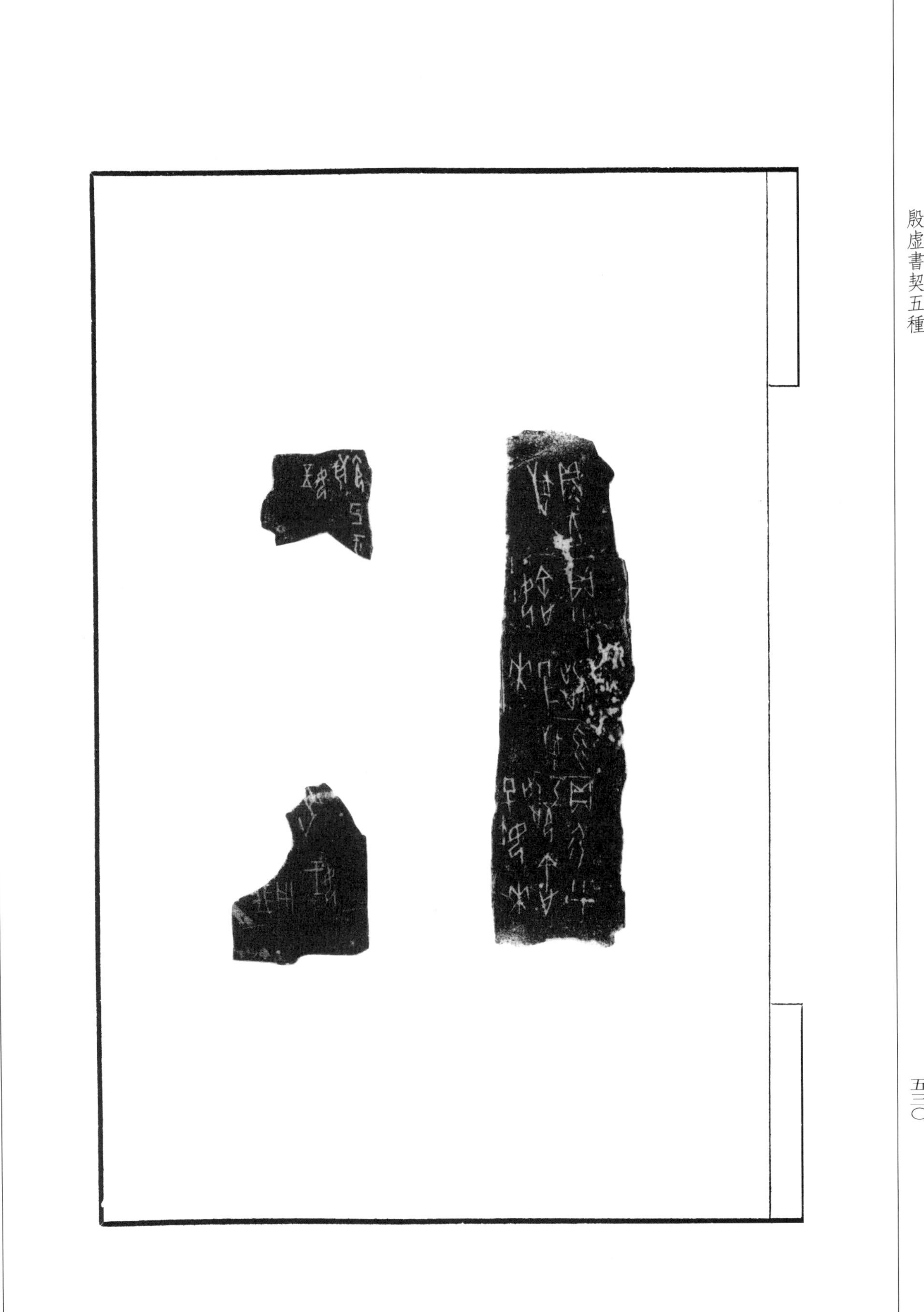

殷虛書契前編卷六

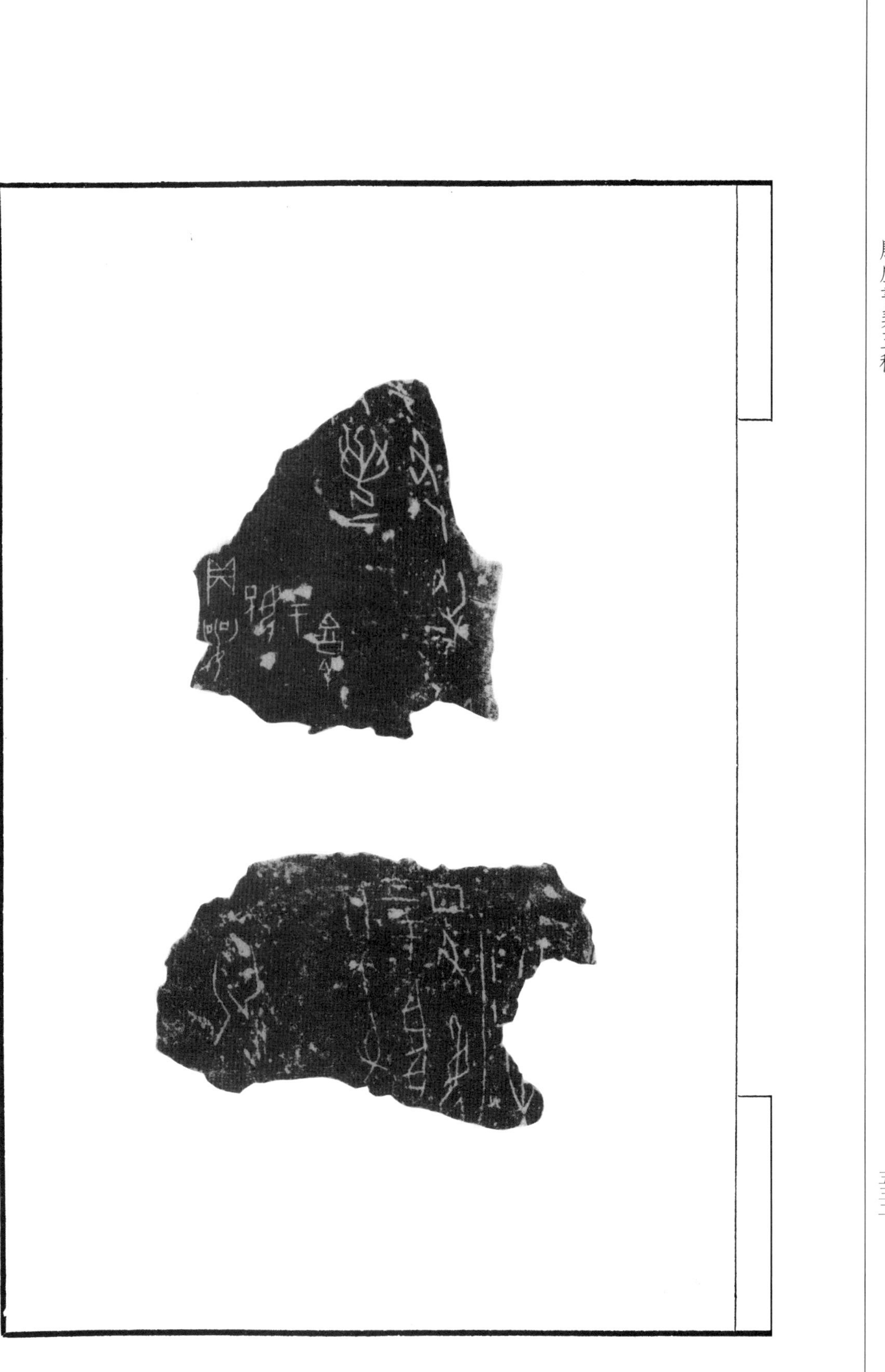

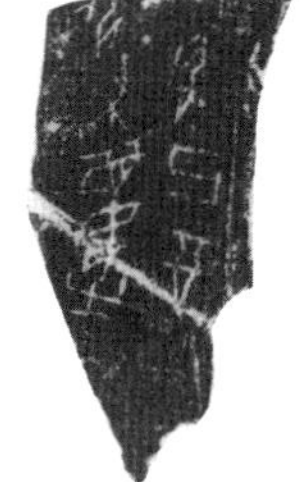

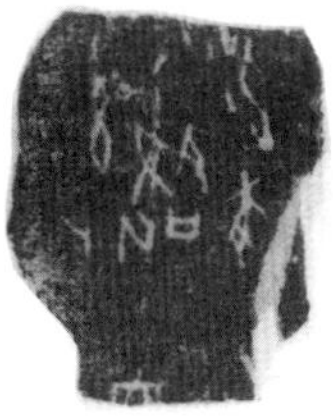

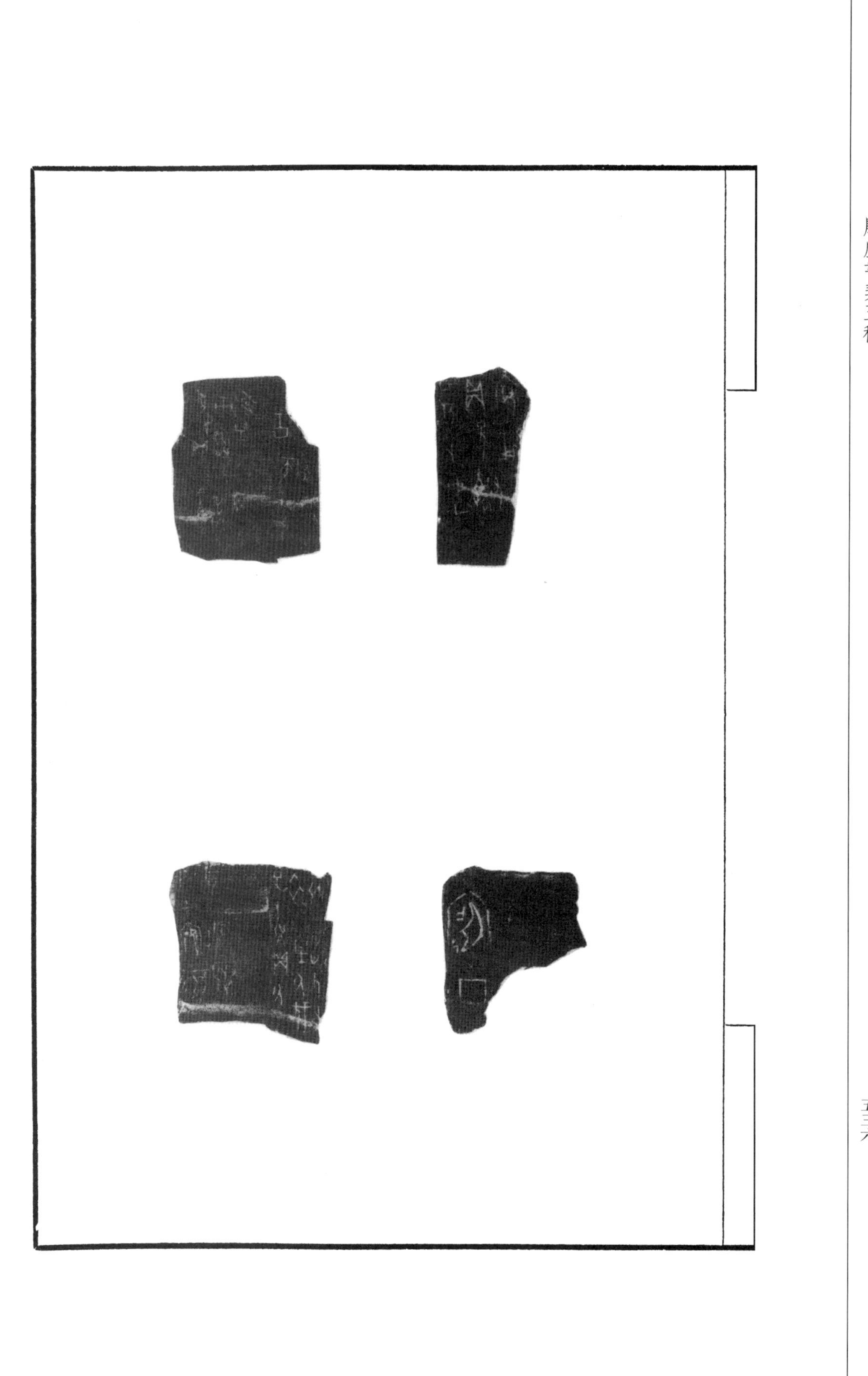

殷虛書契前編卷六

三十

殷虛書契前編卷六

三十一

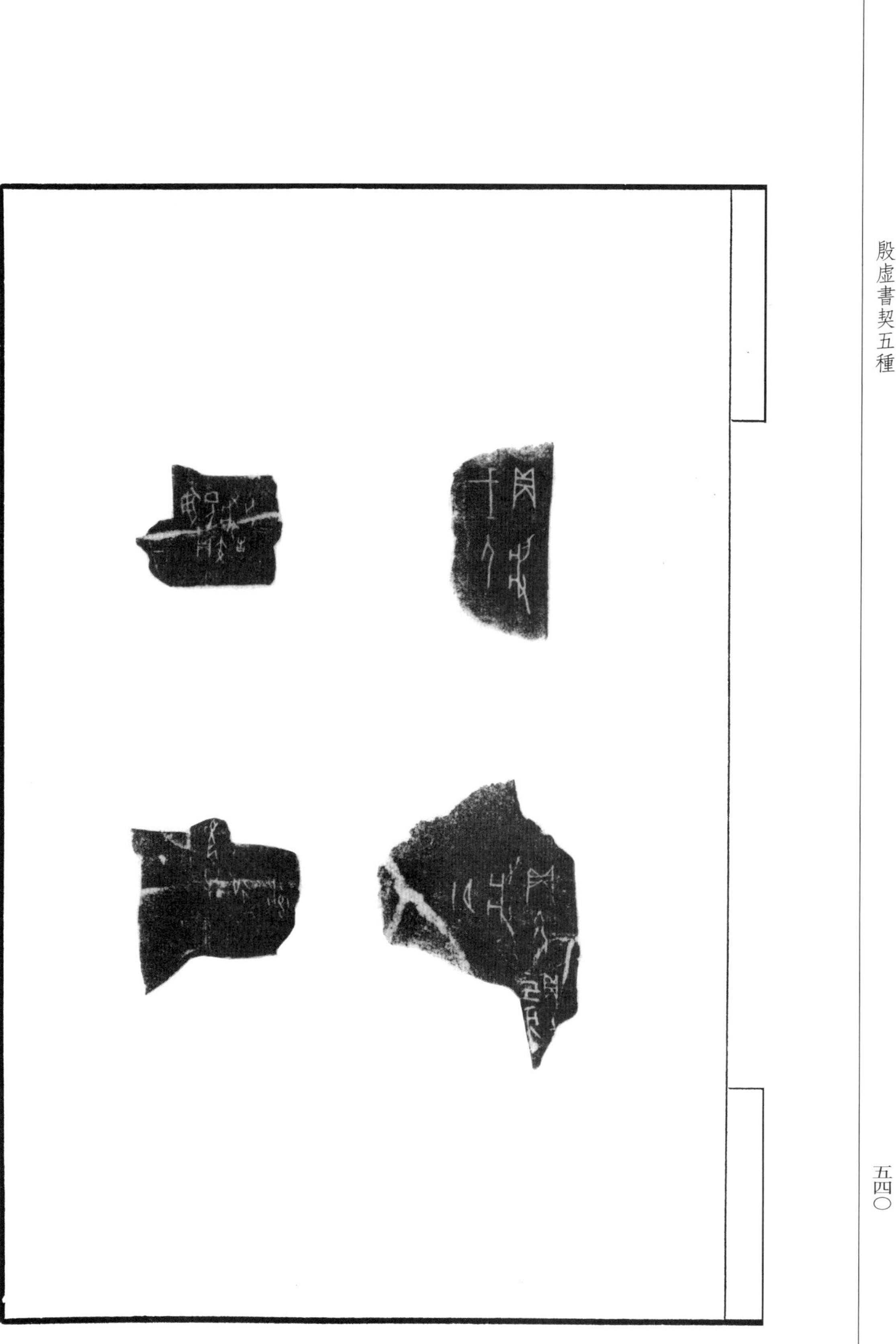

殷虚書契前編卷六　三十三

殷虛書契前編卷六

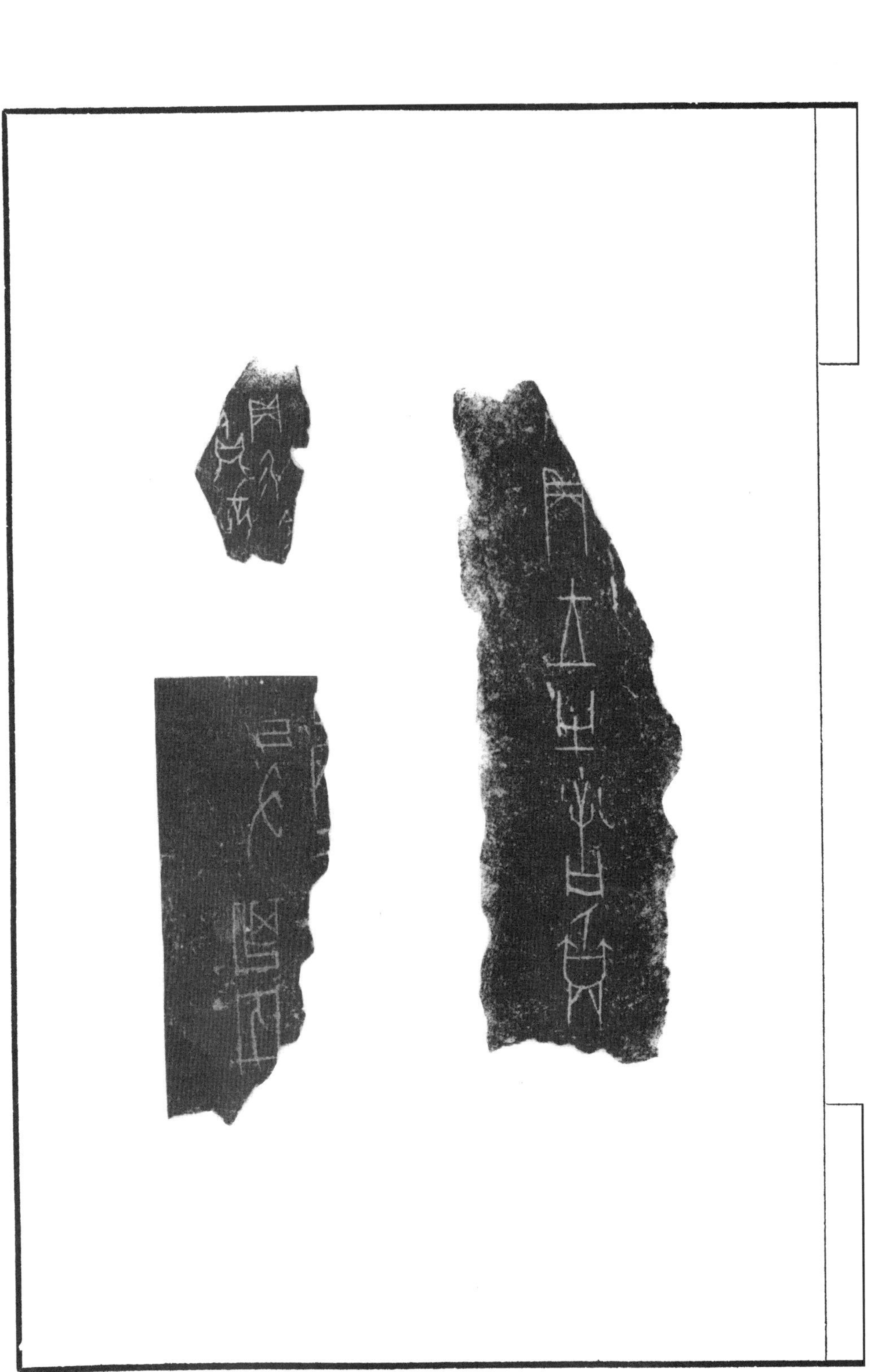

殷虛書契前編卷六

三十五

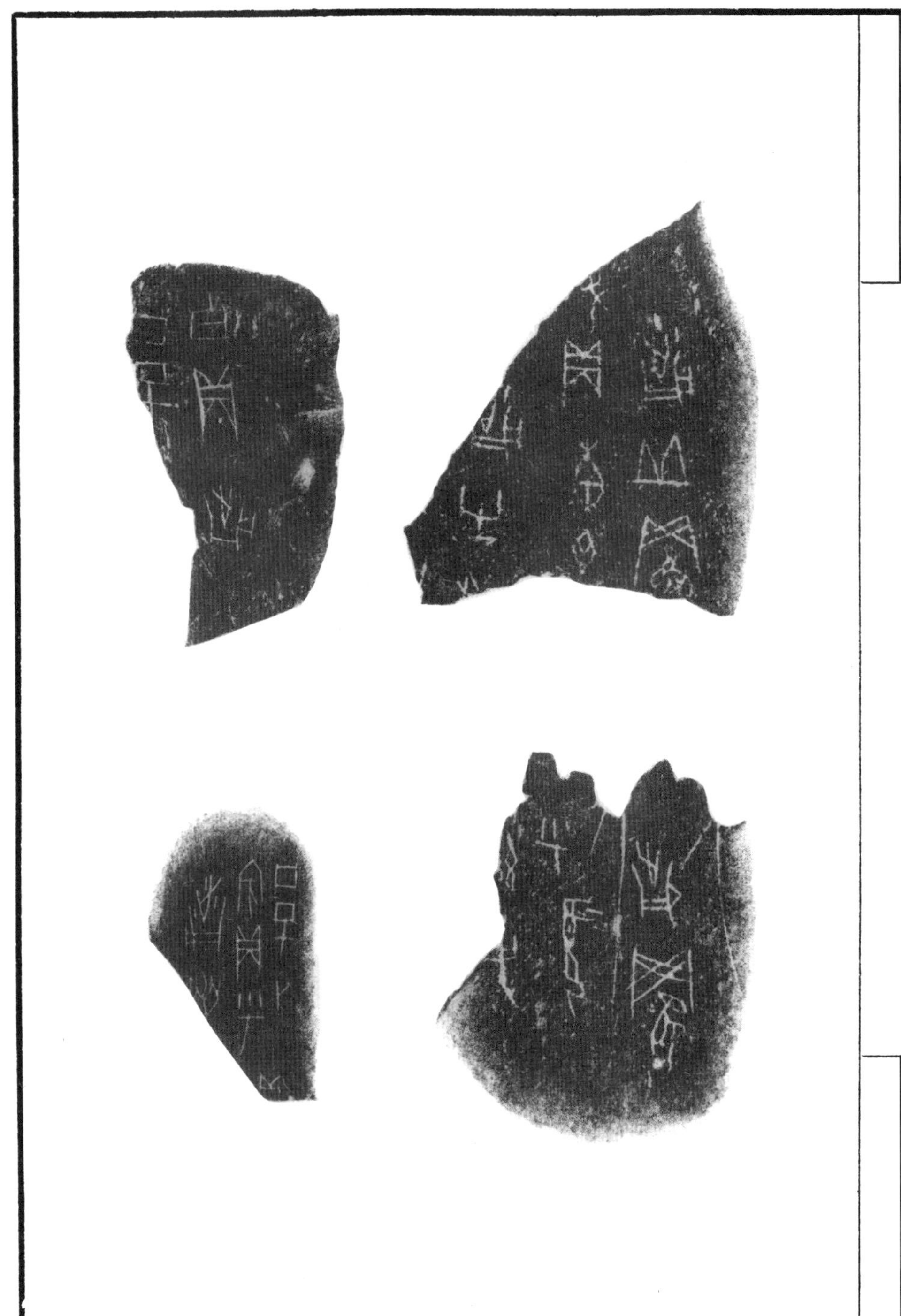

殷虛書契前編卷六

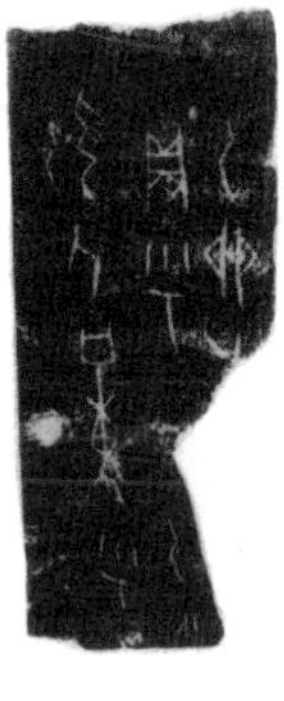

三十六

殷虚書契前編卷六

三十七

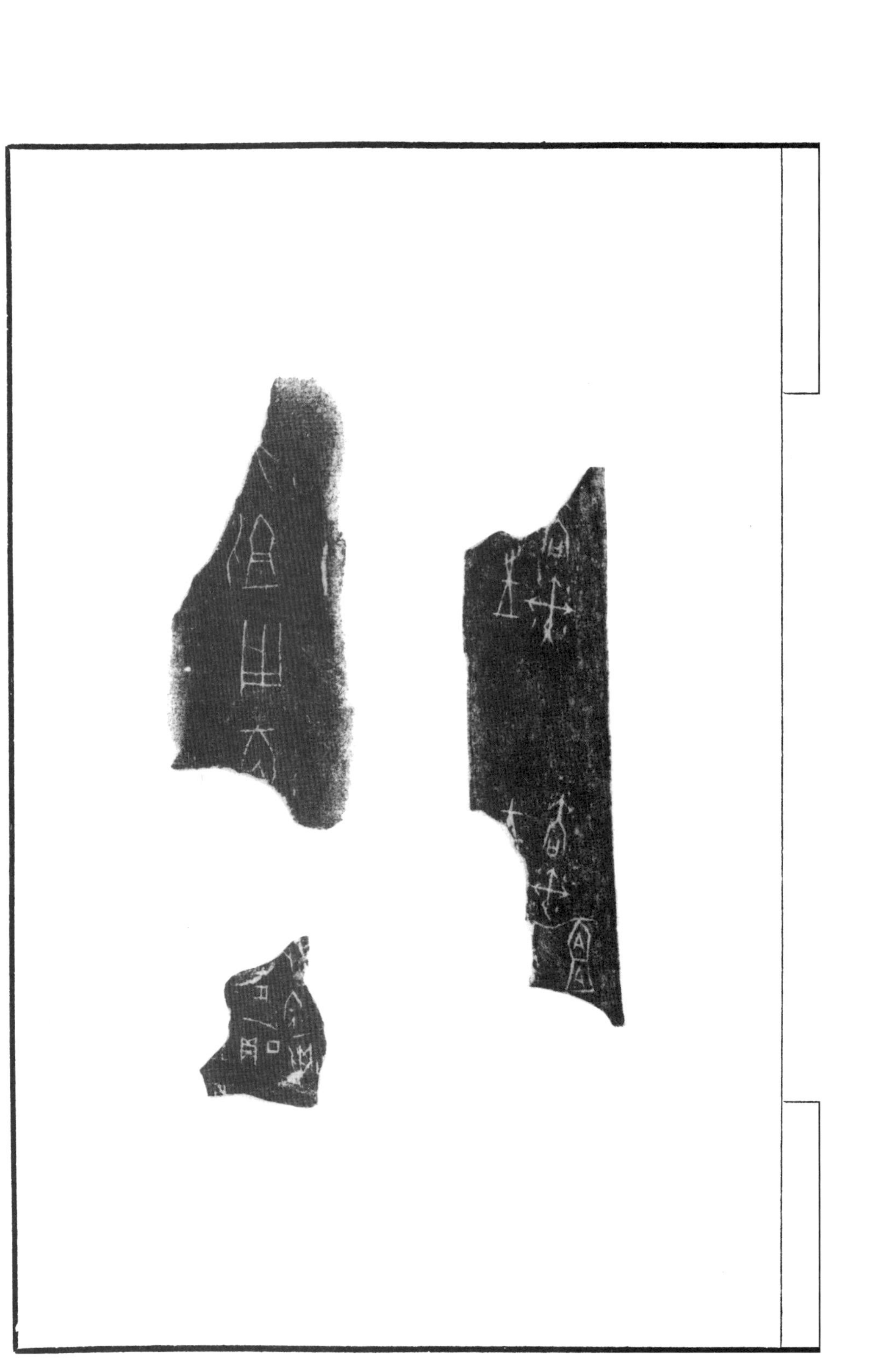

殷虚書契前編卷六

三十八

殷虛書契前編卷六

四十

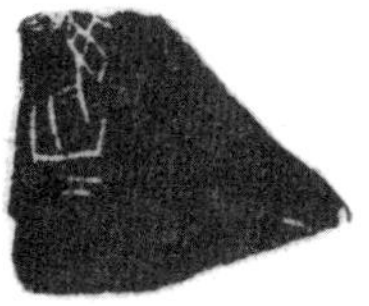

殷虚書契前編卷六 四十一

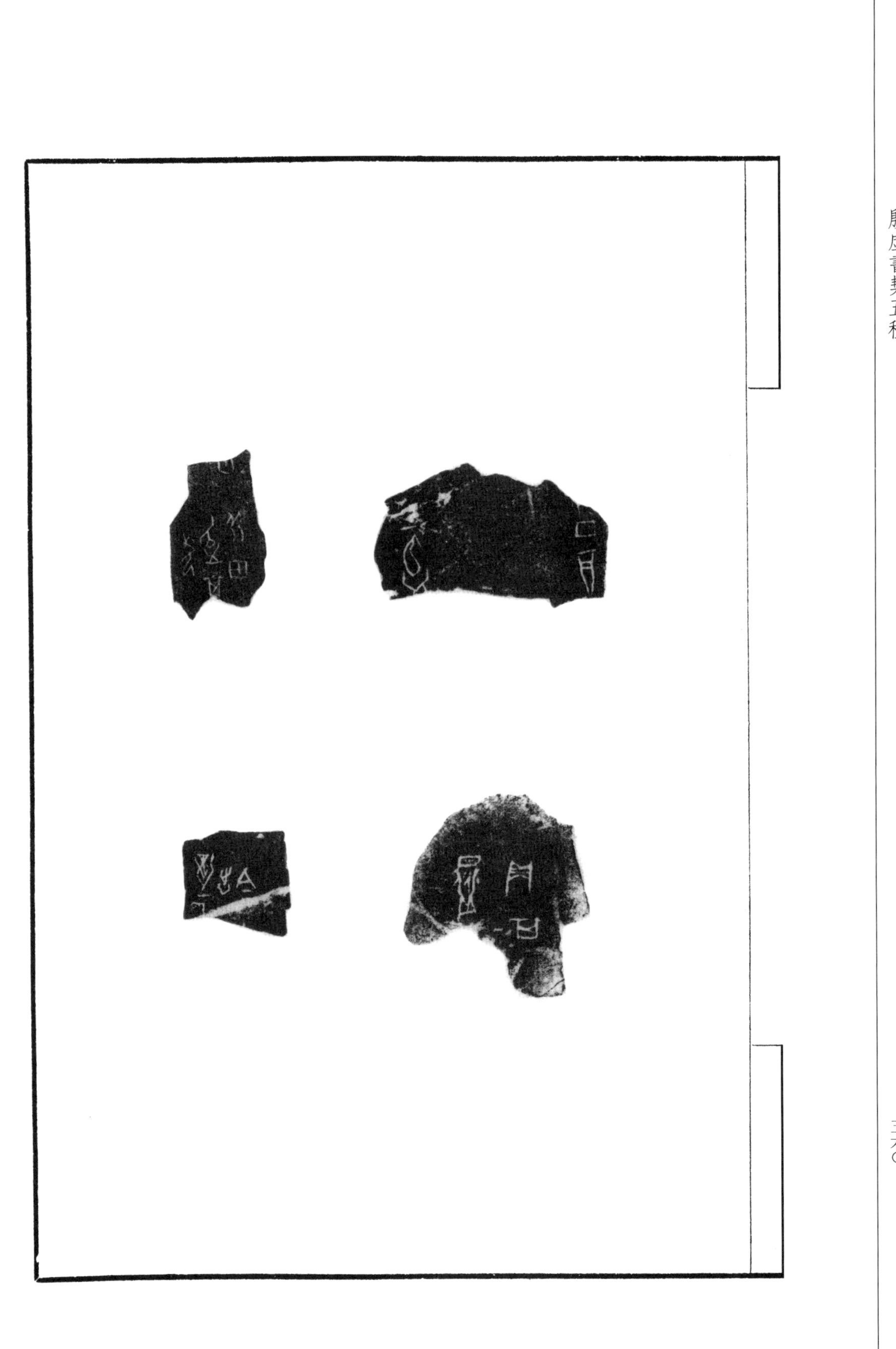

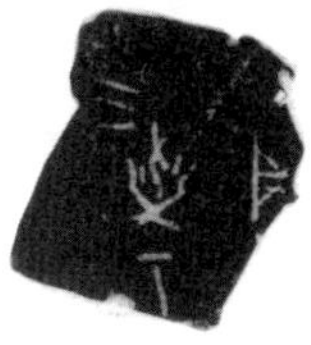

殷虚書契前編卷六　四十二

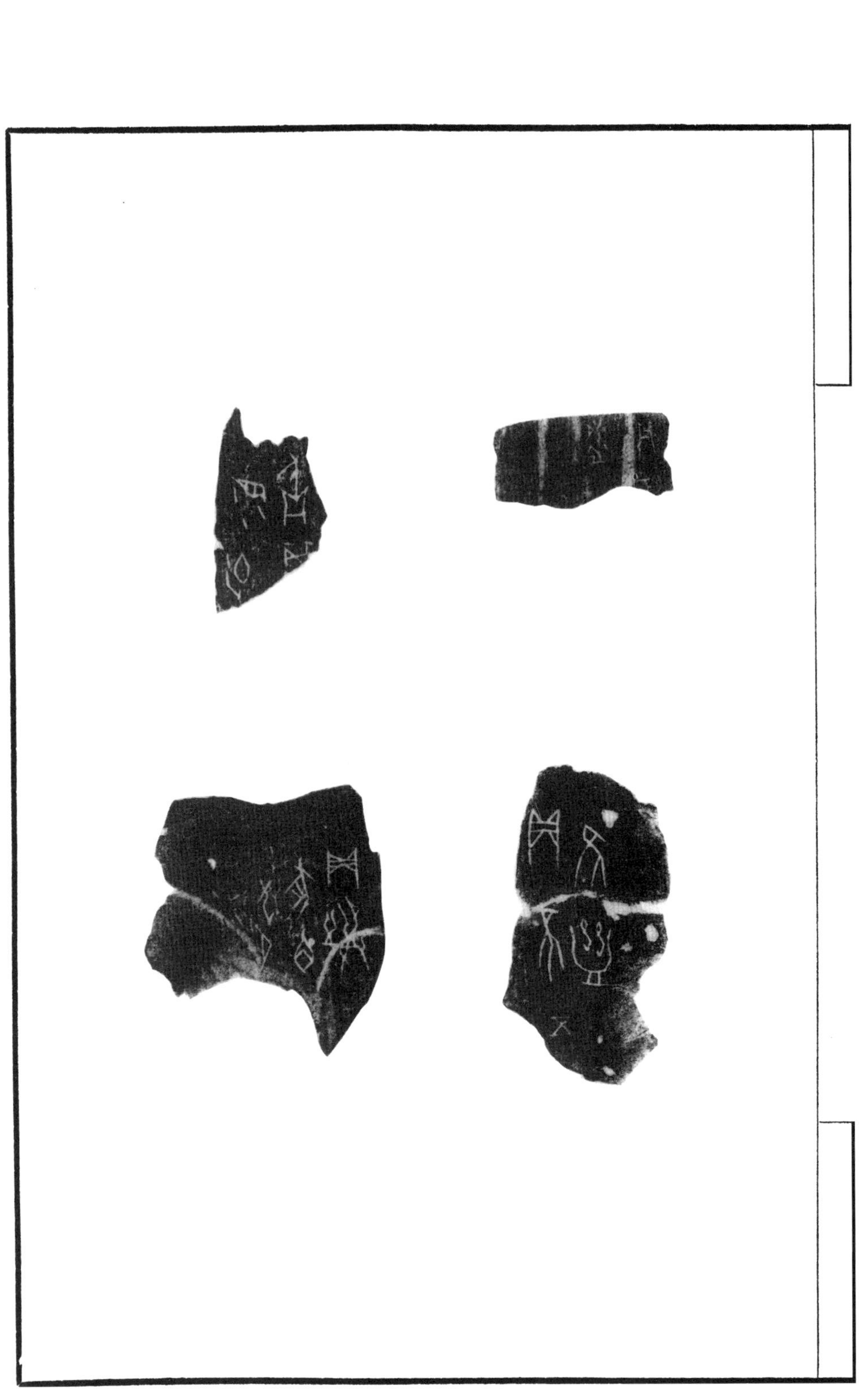

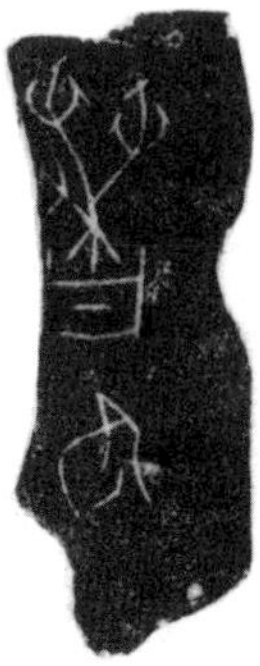

殷虛書契前編卷六

四十三

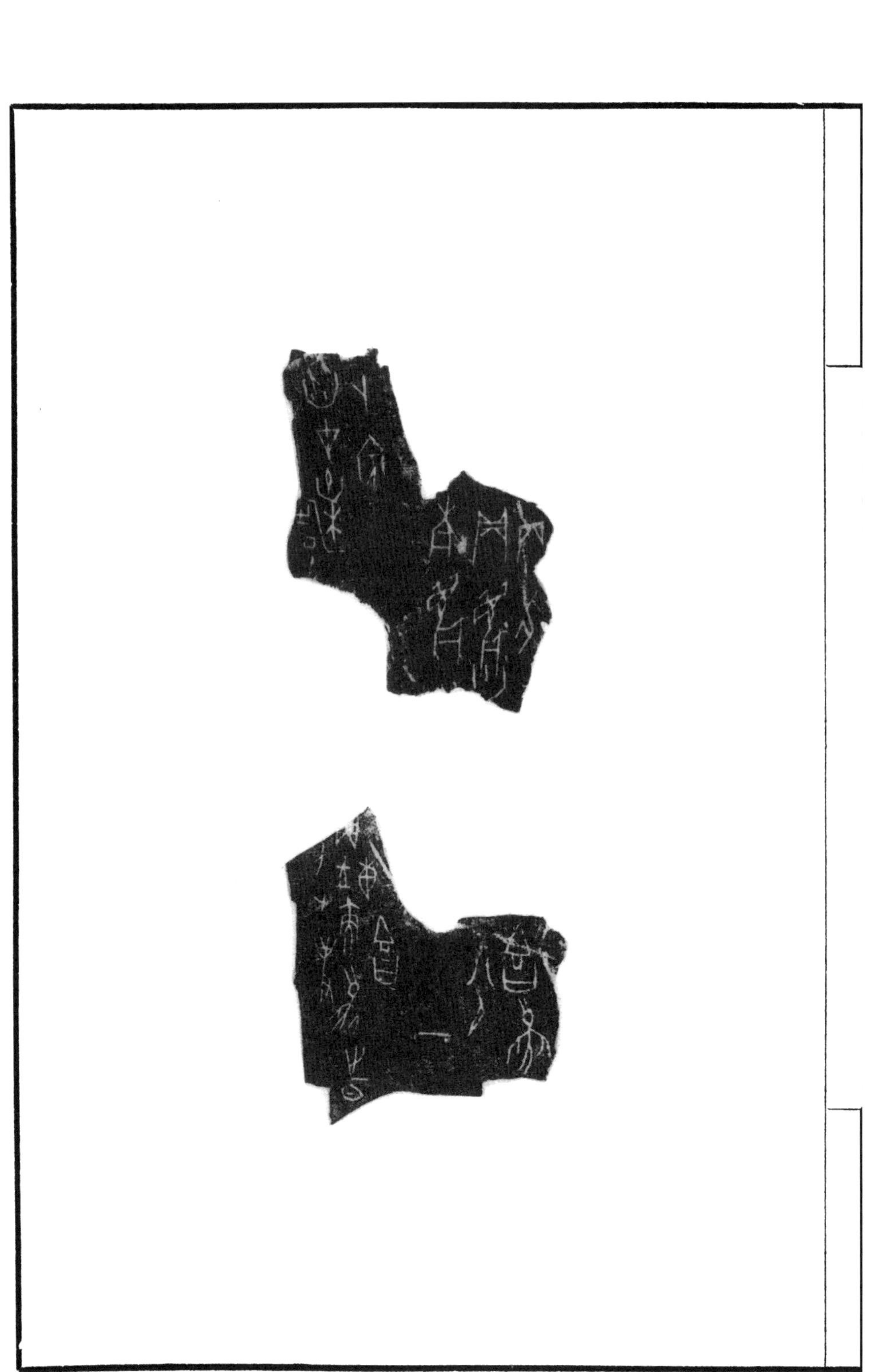

殷虛書契前編卷六

四十四

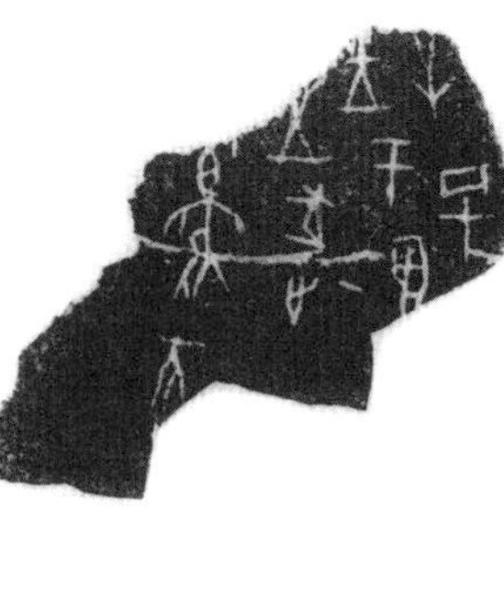

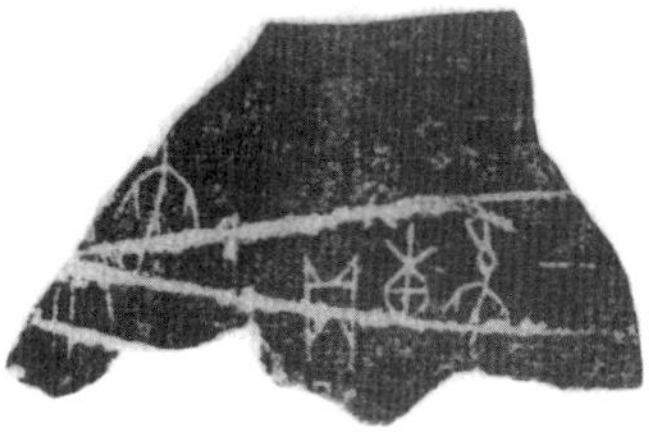

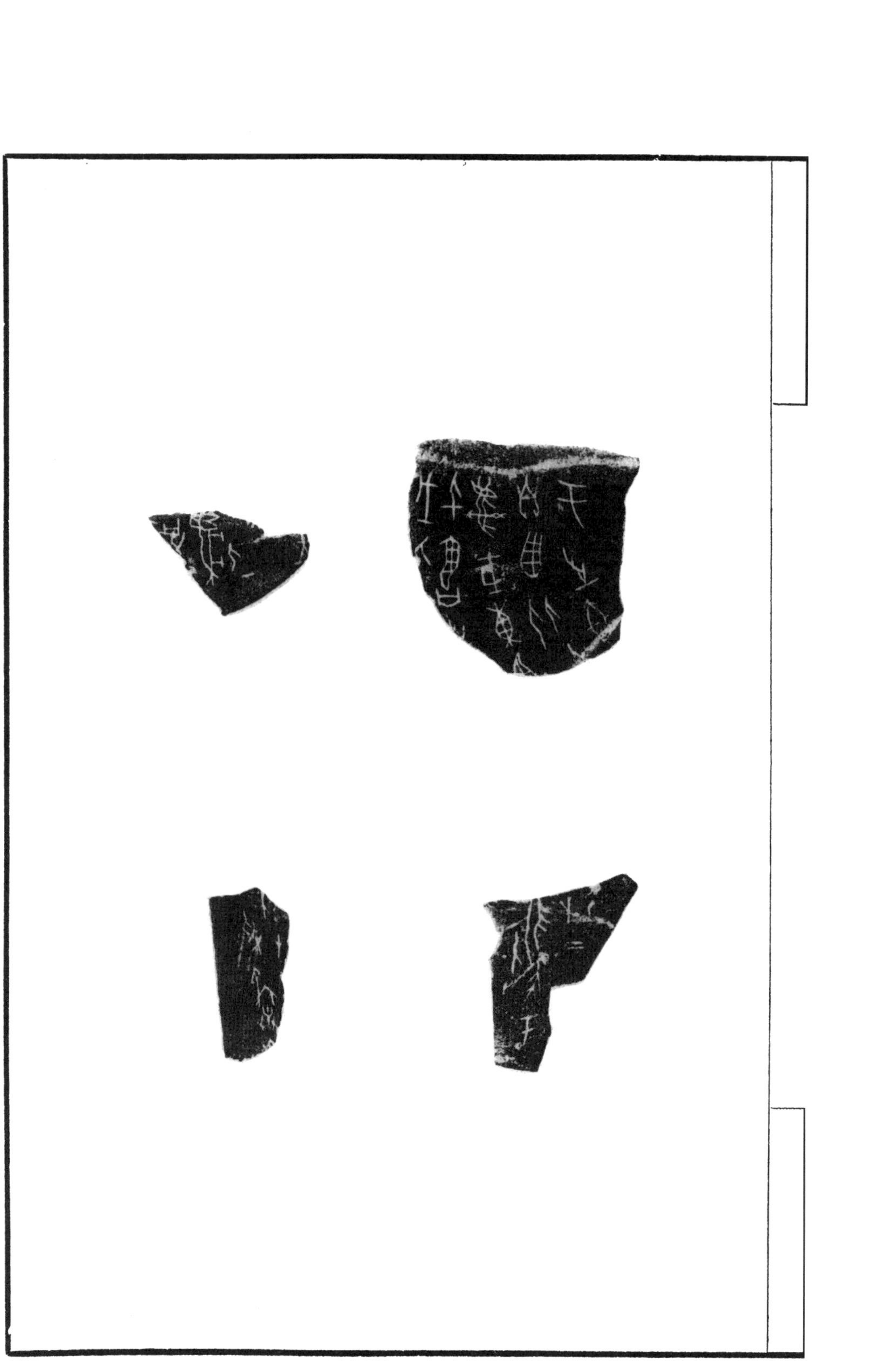

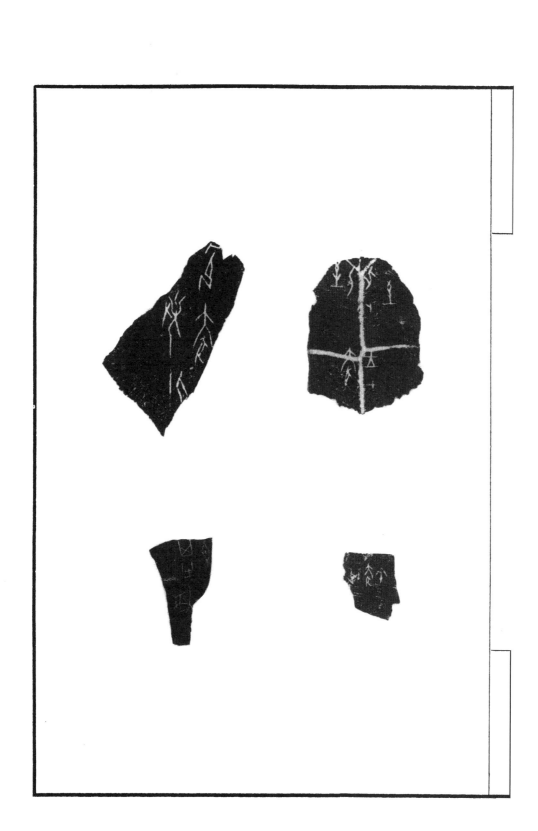

殷虛書契前編卷六

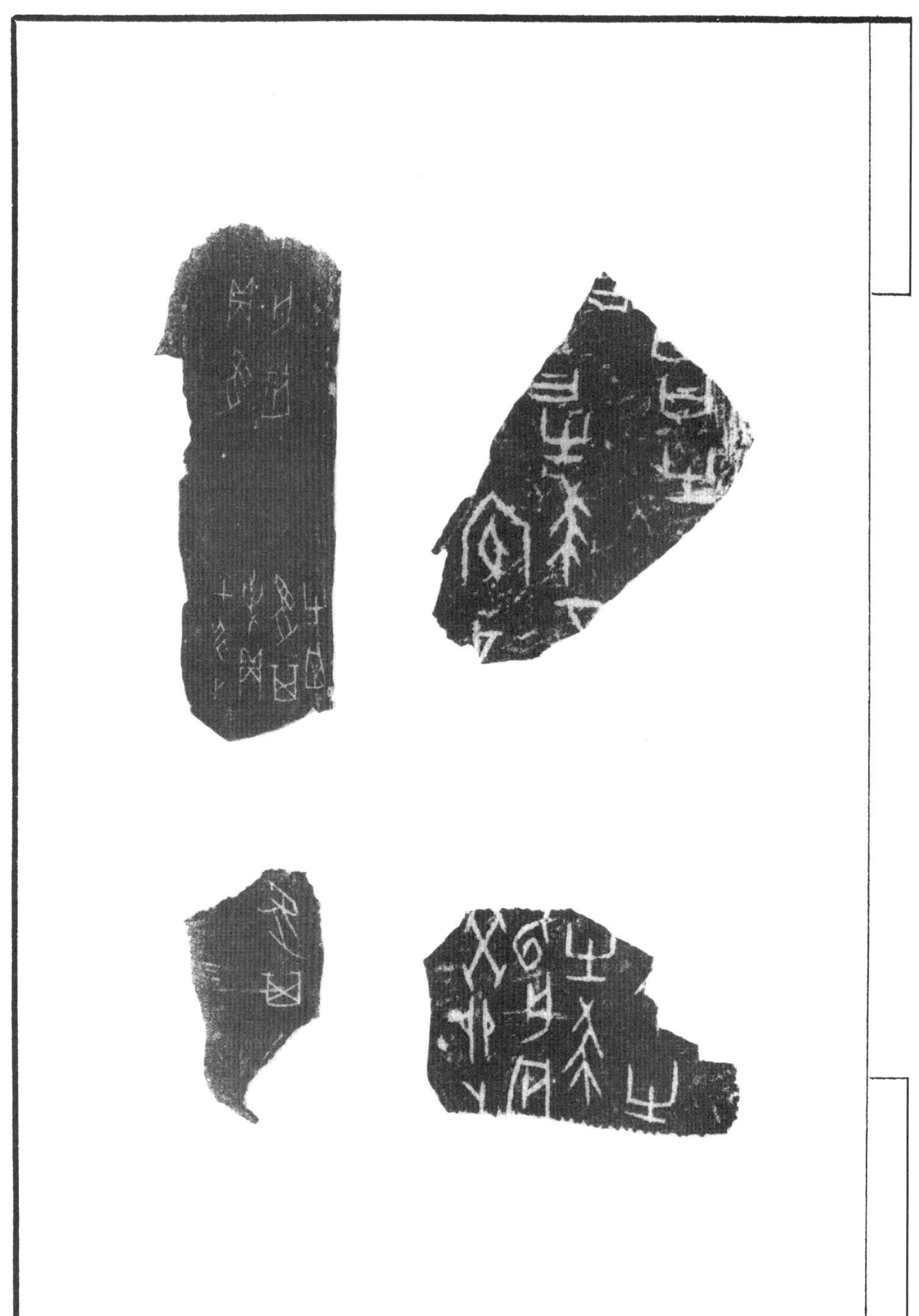

殷虚書契前編卷六

四十九

殷虚書契前編卷六 五十二

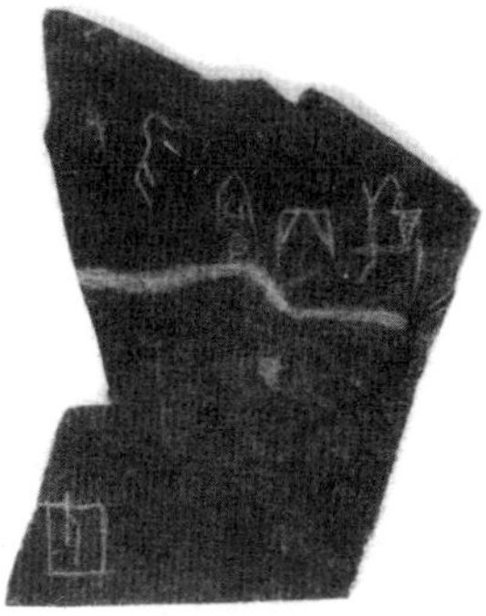

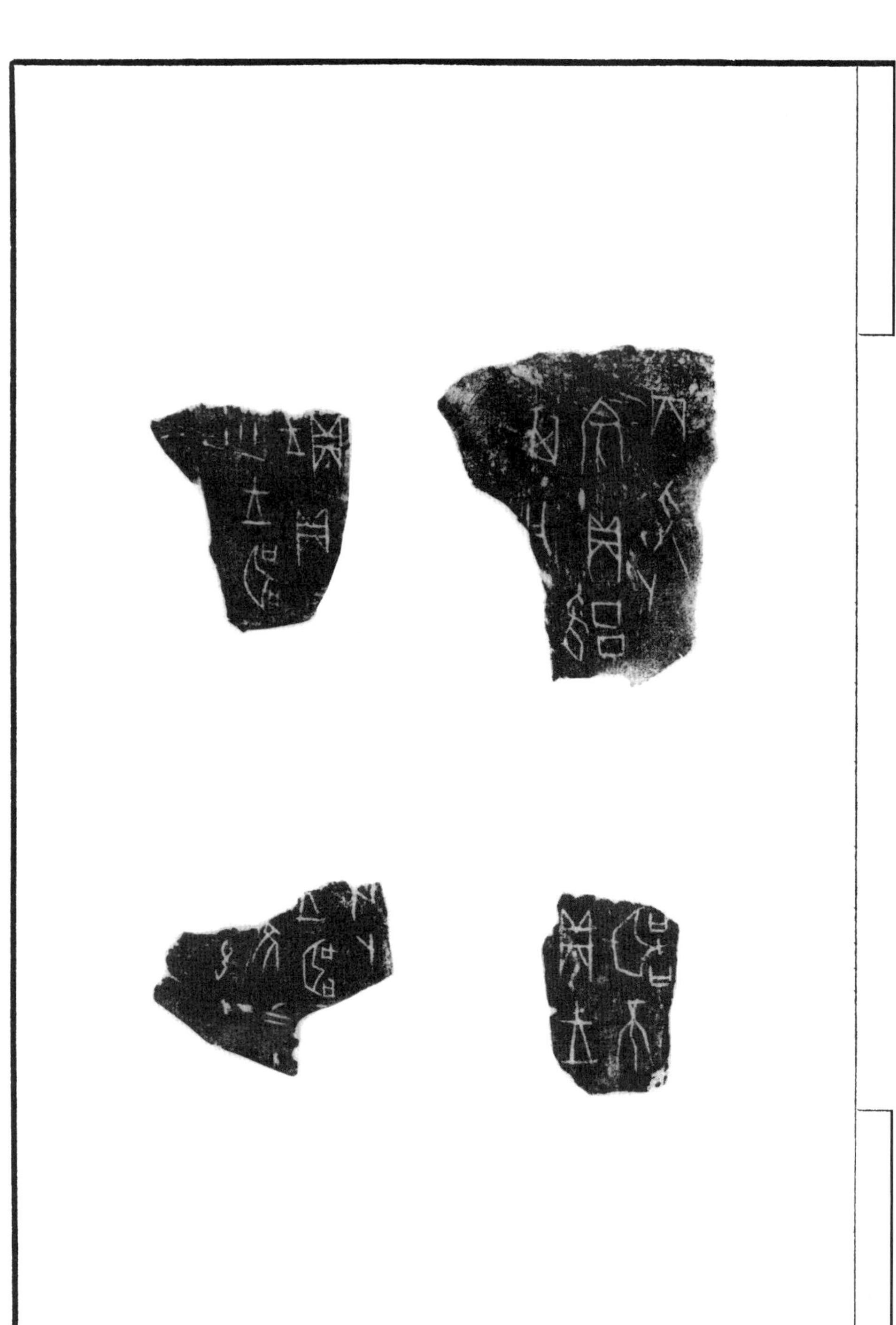

殷虛書契前編卷六

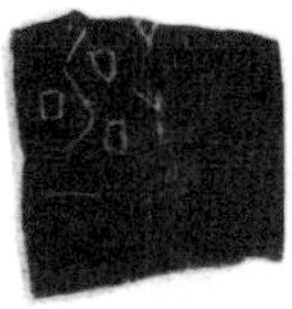

殷虚書契前編卷六

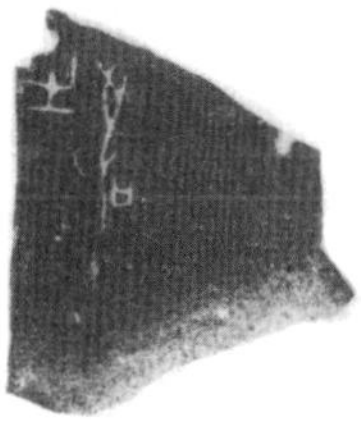

五十六

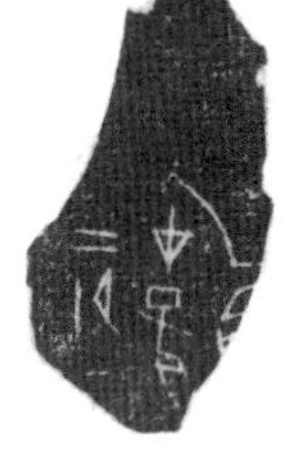

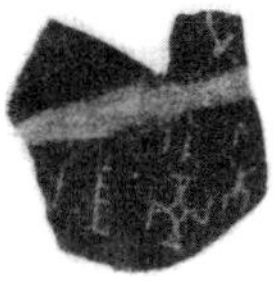

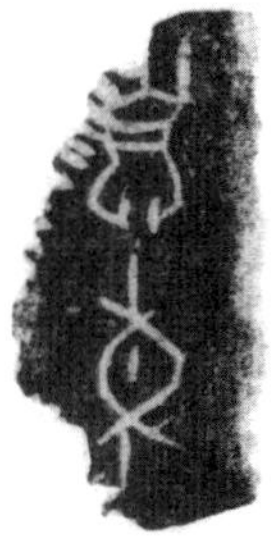

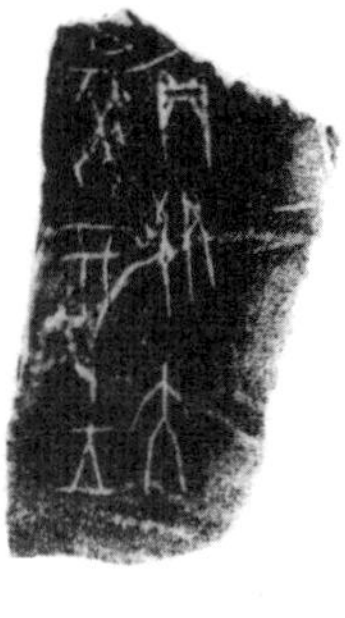

殷虛書契前編卷六

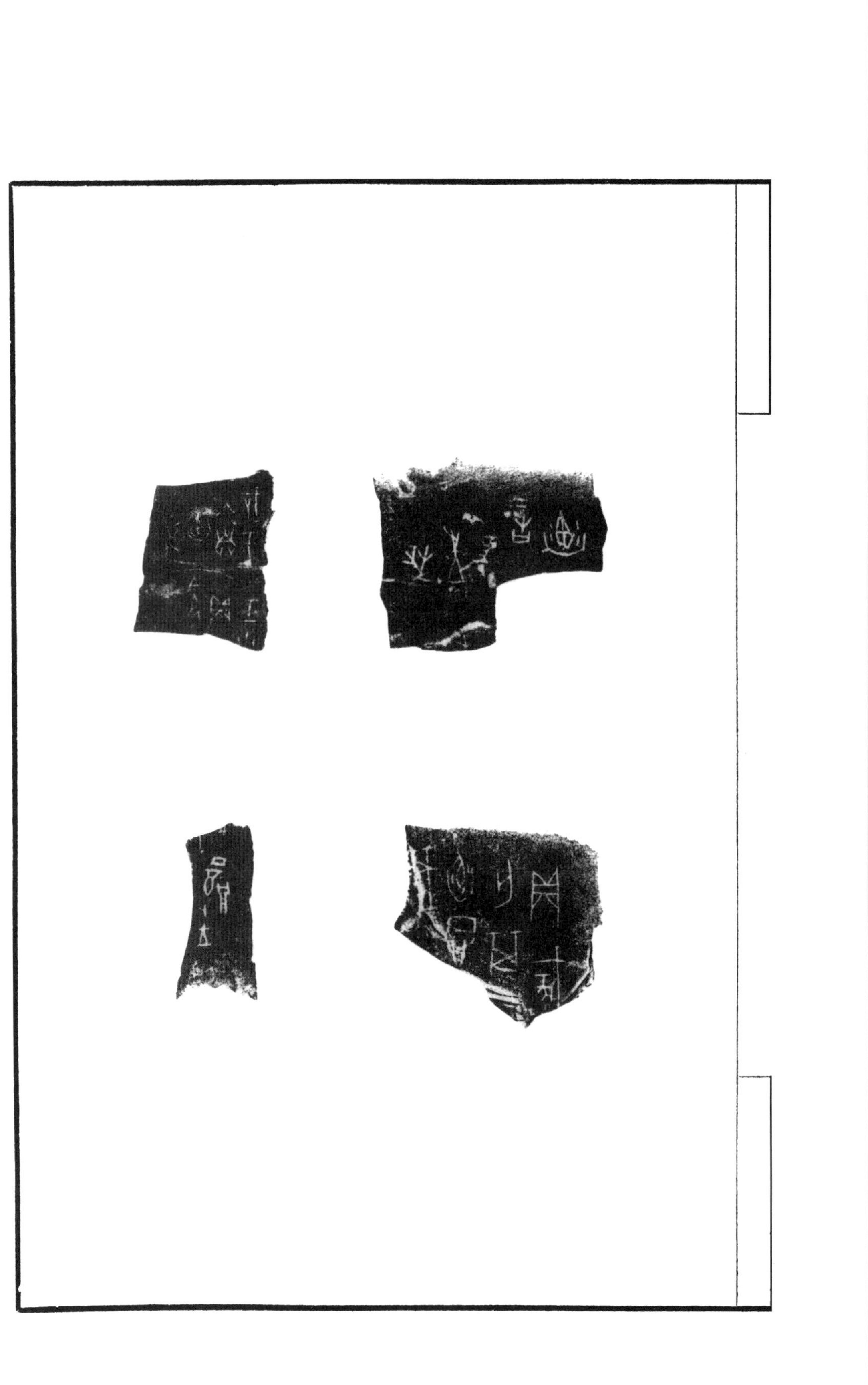

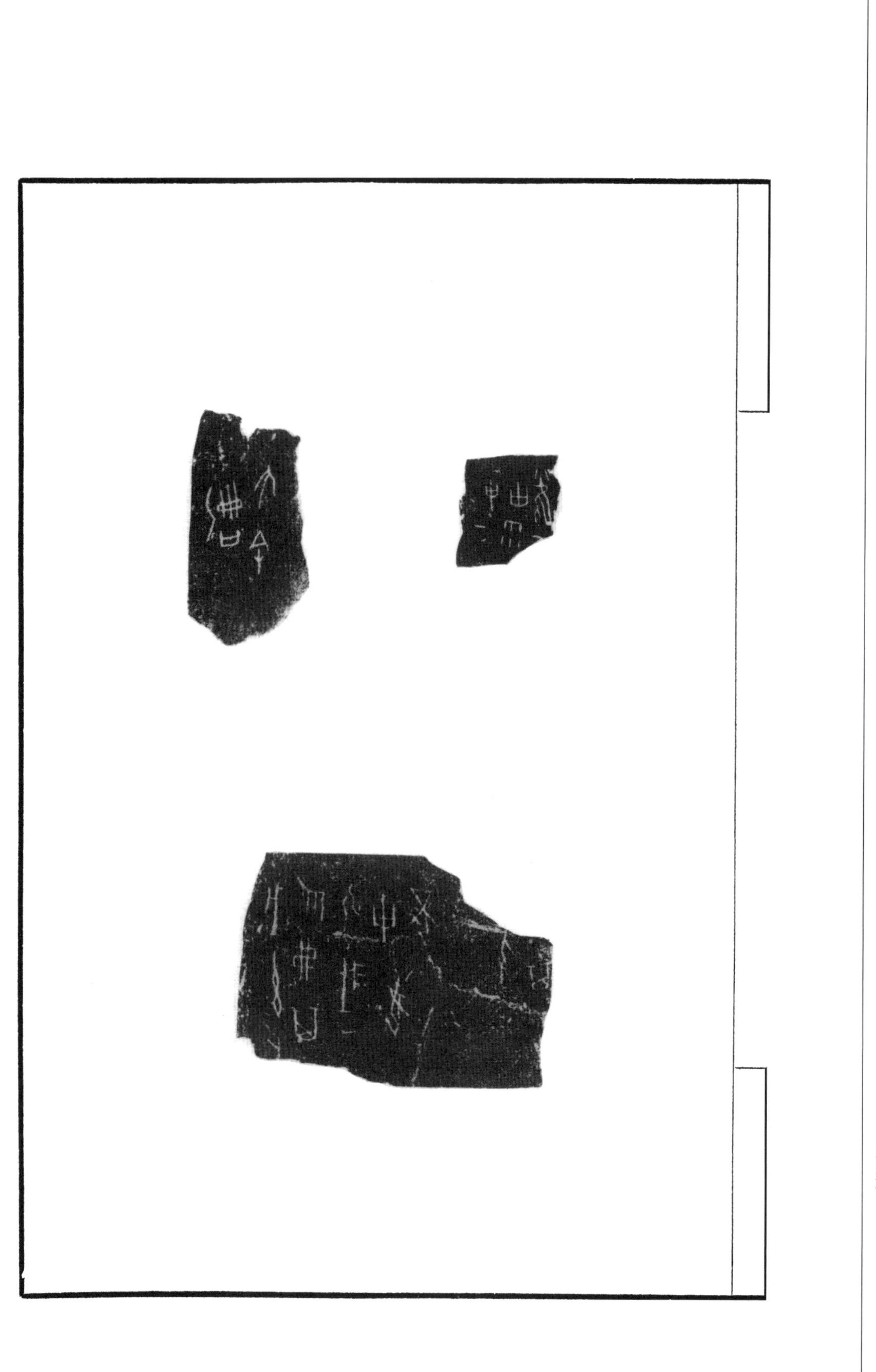

殷虚書契前編卷六

六十

殷虛書契前編卷六

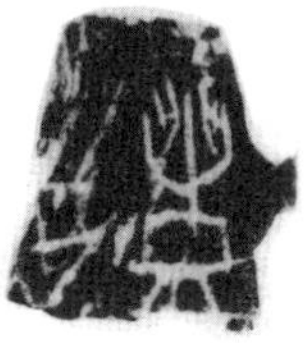

六十一

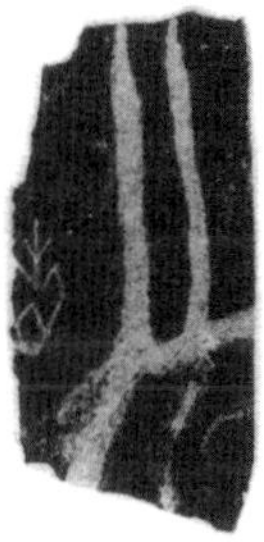

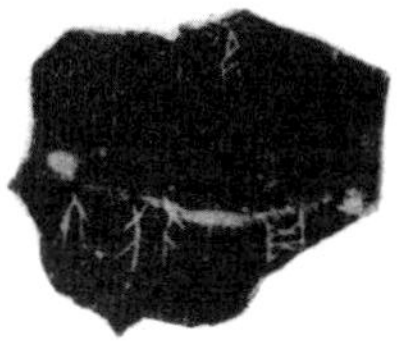

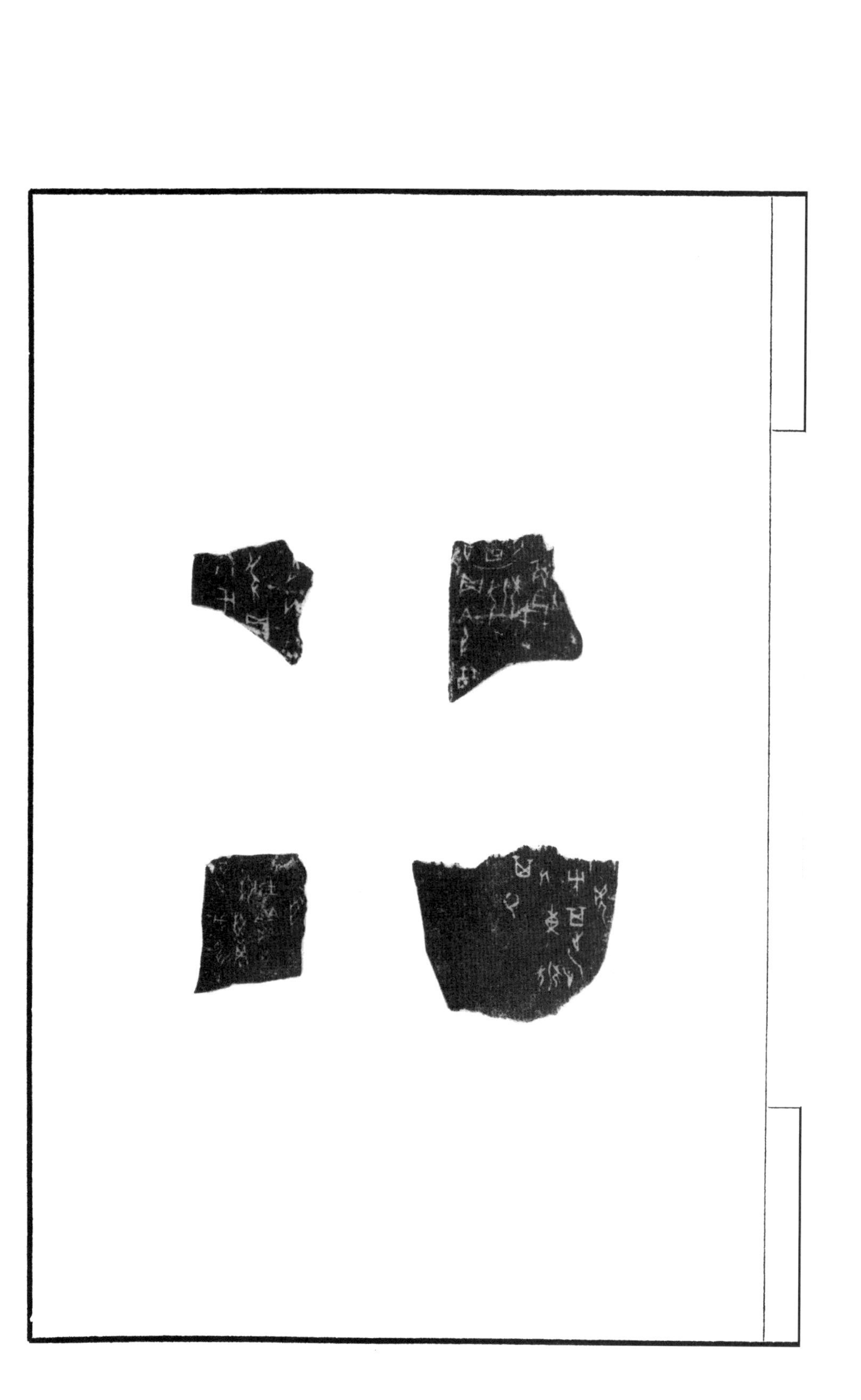

殷虚書契前編卷六

六十五

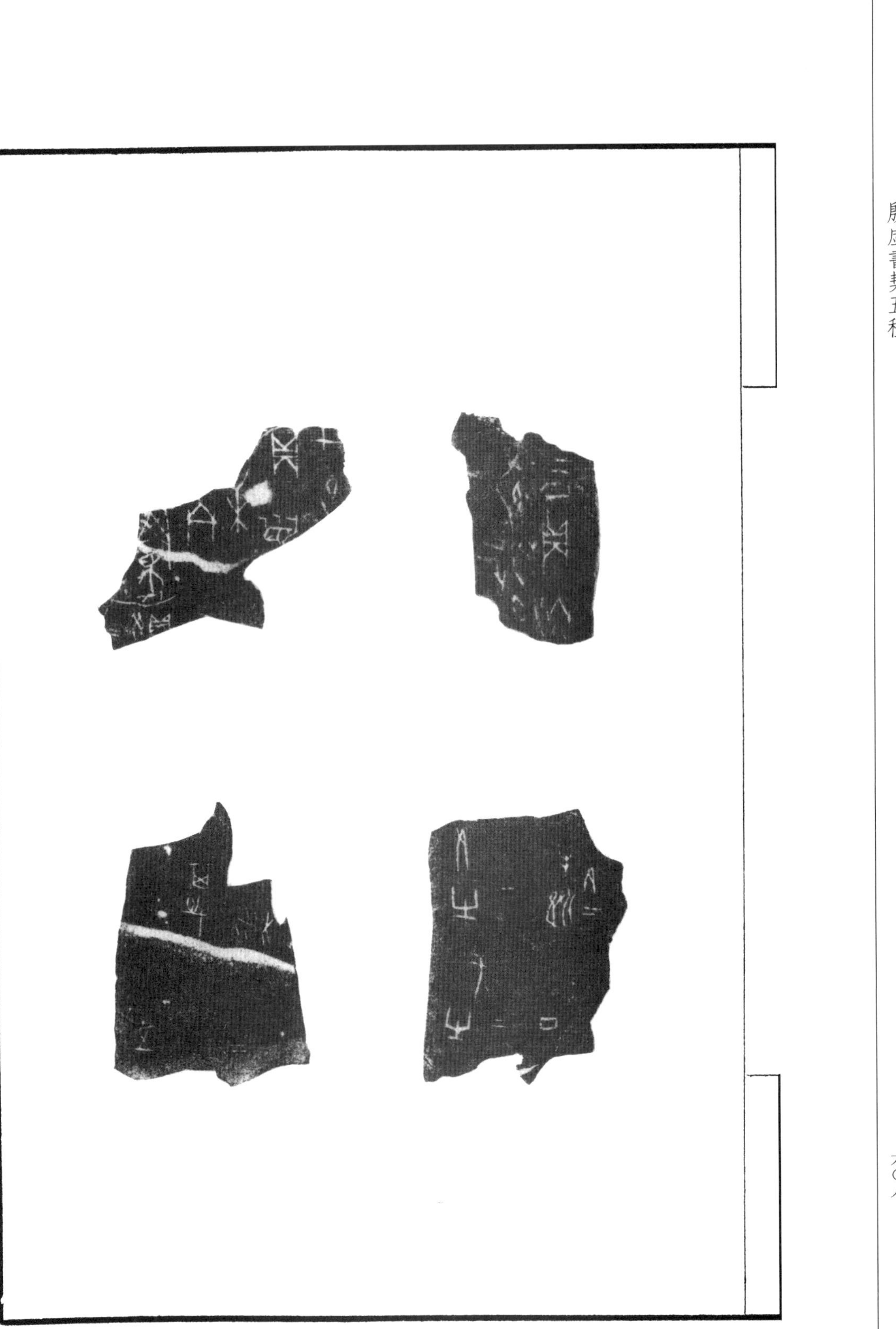

殷虛書契前編卷六

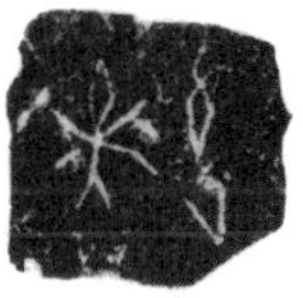

六十六

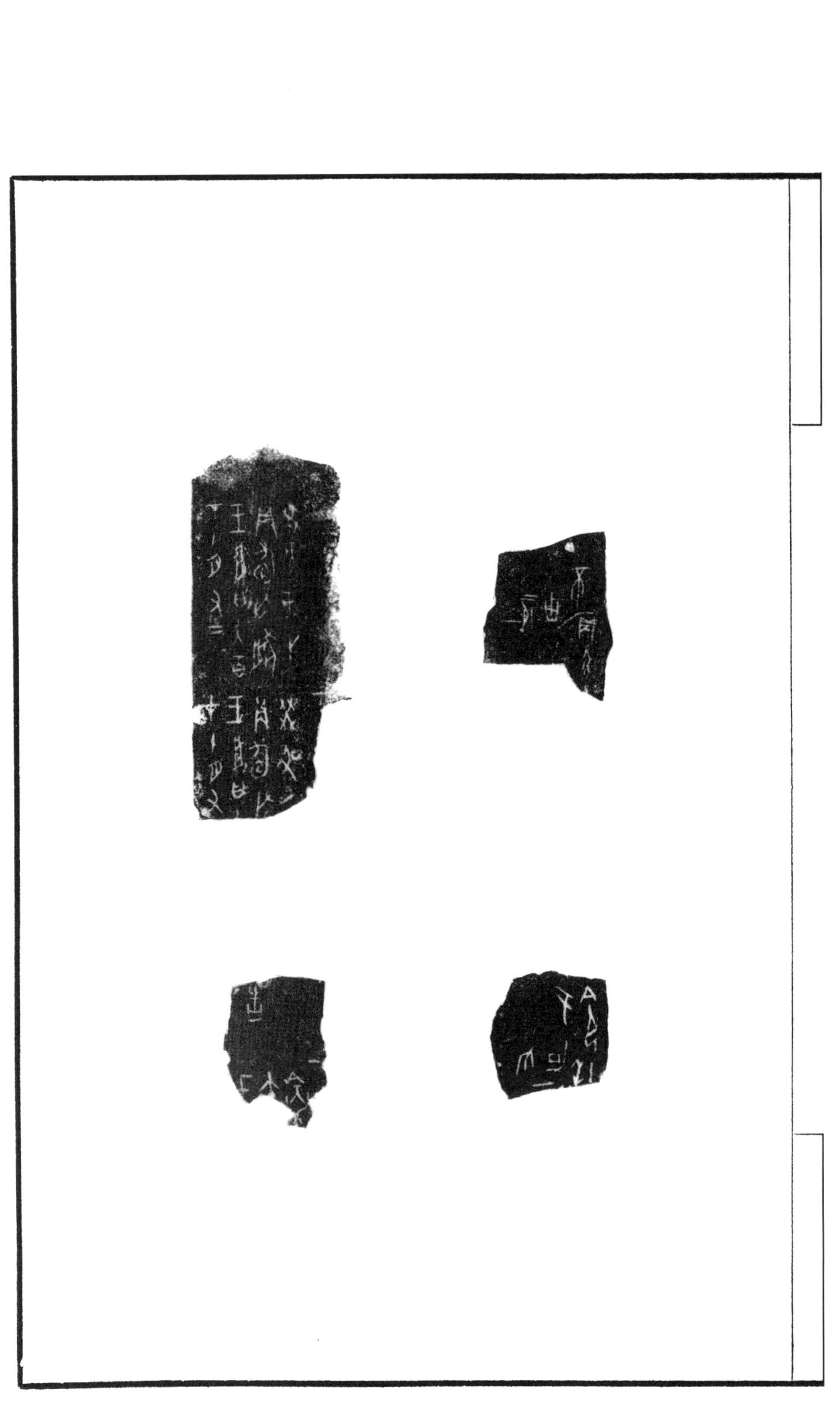

殷虚書契前編卷六

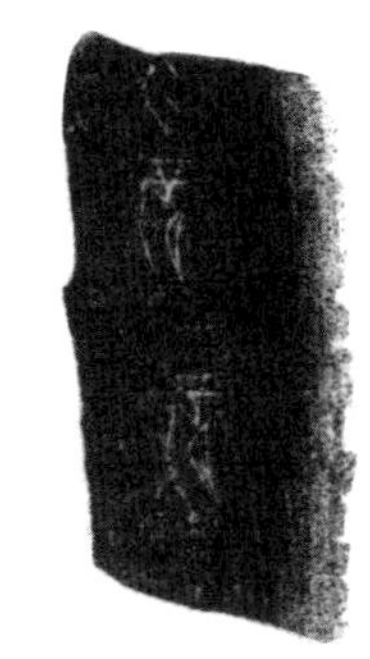

殷虛書契前編卷七

上虞羅振玉類次

集古遺文第一

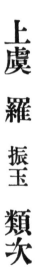

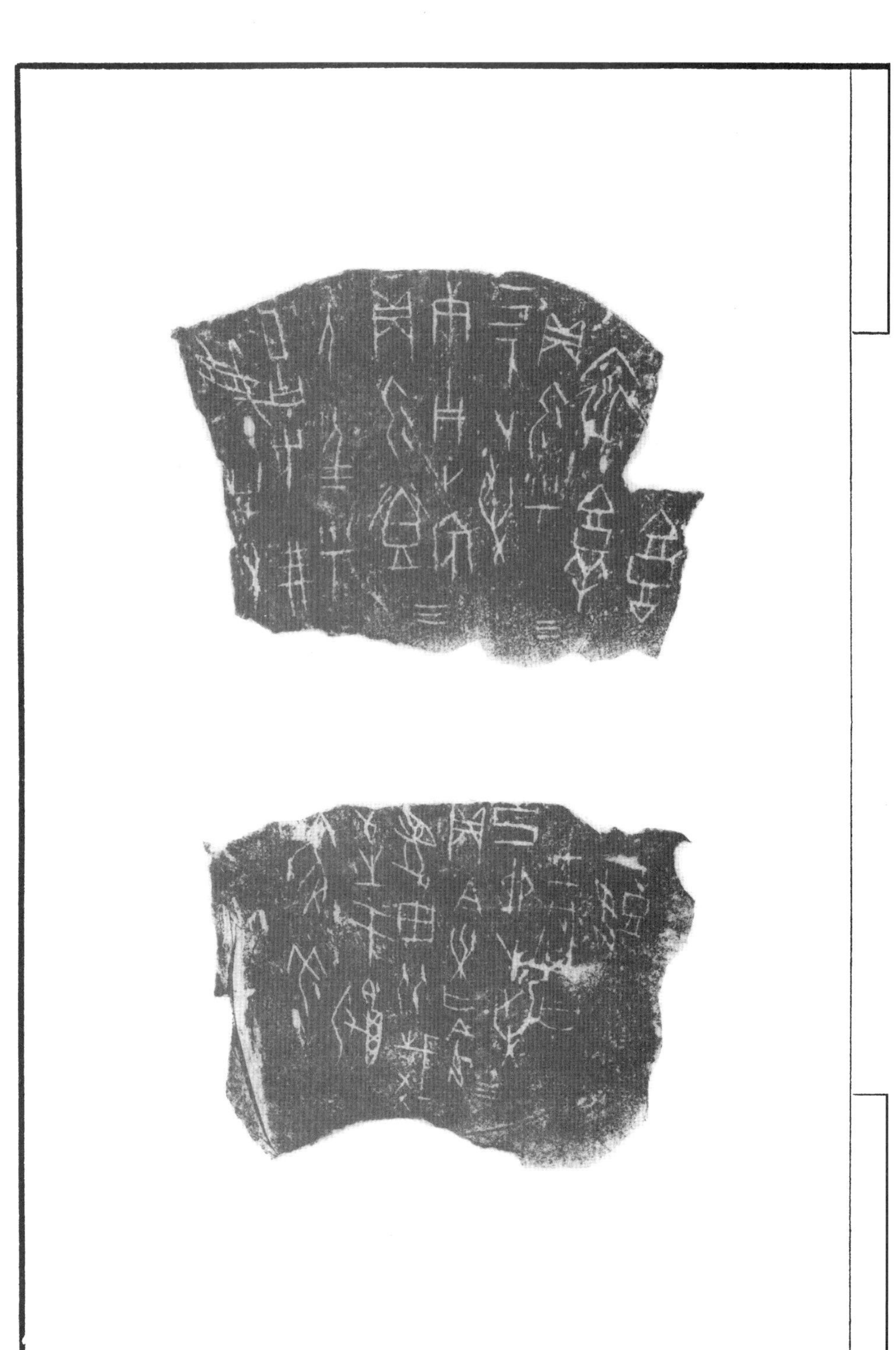

殷虛書契前編卷七

四

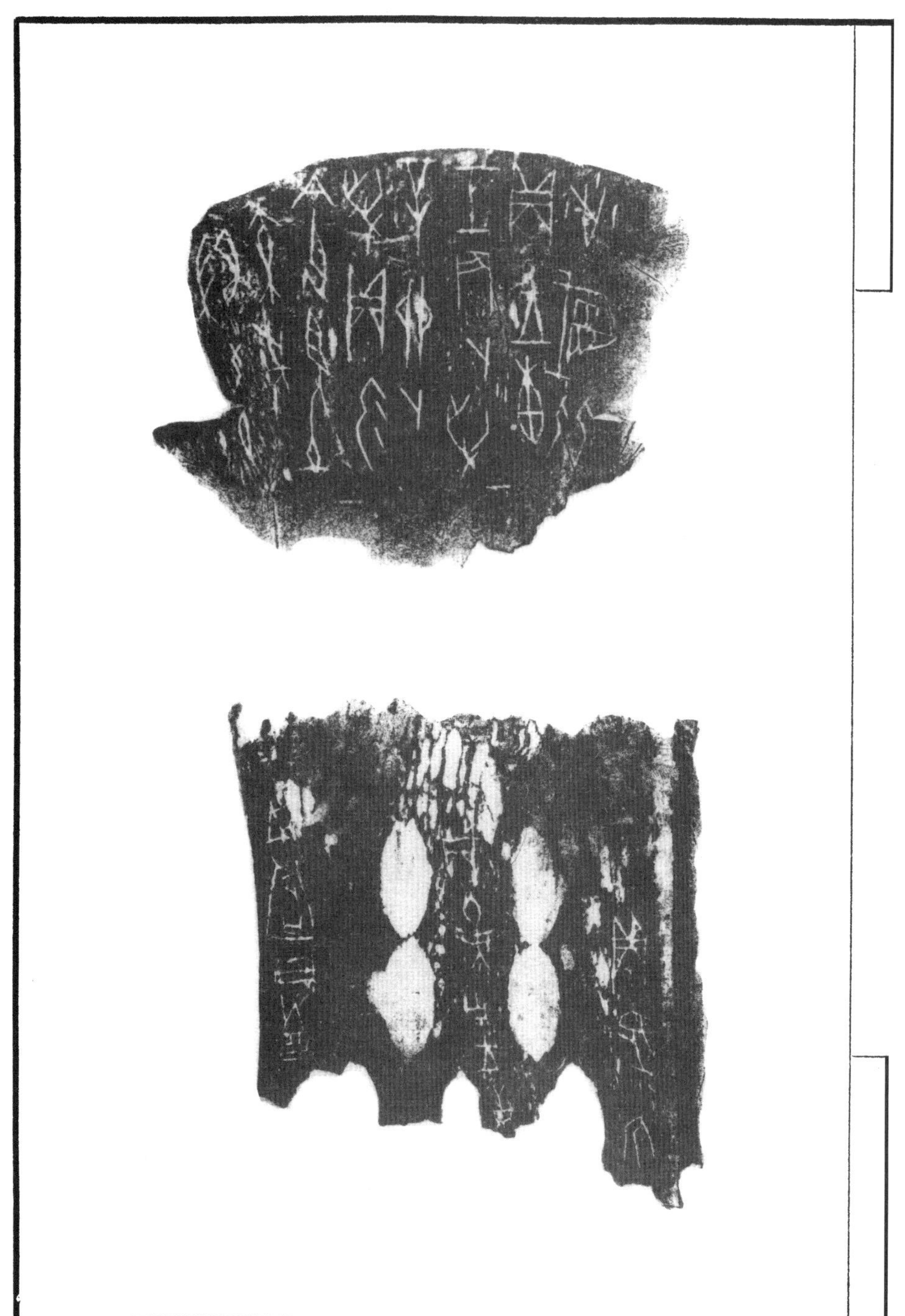

殷虚書契前編卷七

六

殷虚書契前編卷七

八

殷虚書契前編卷七

九

殷虛書契前編卷七

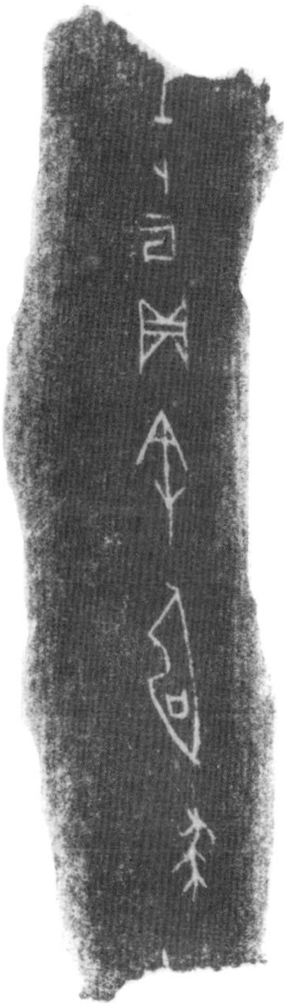

殷虛書契前編卷七

十五

殷虛書契前編卷七

十六

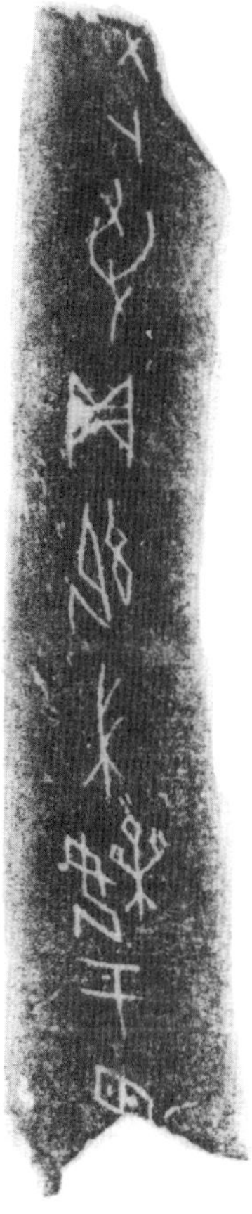

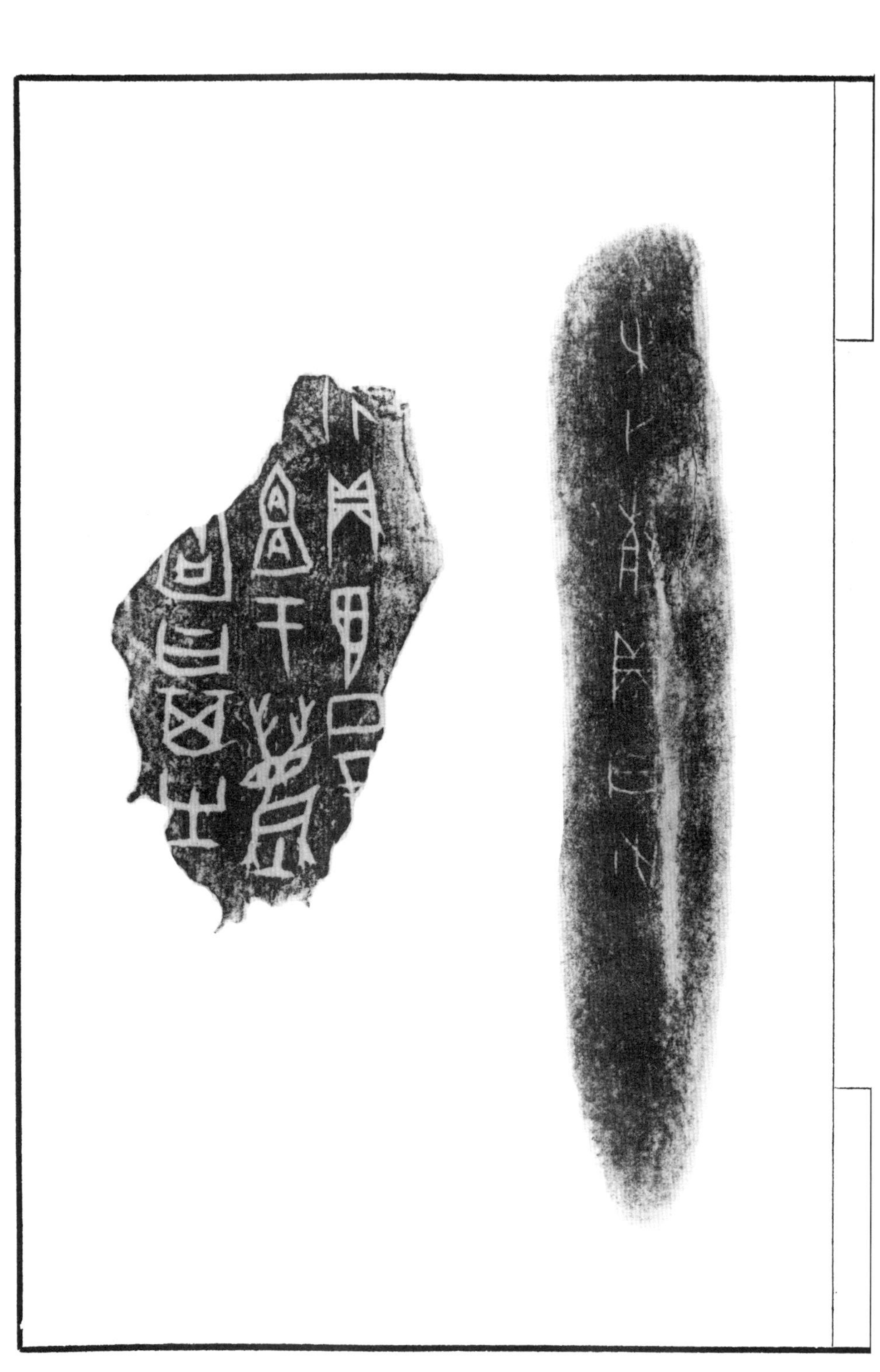

殷虛書契前編卷七

二十

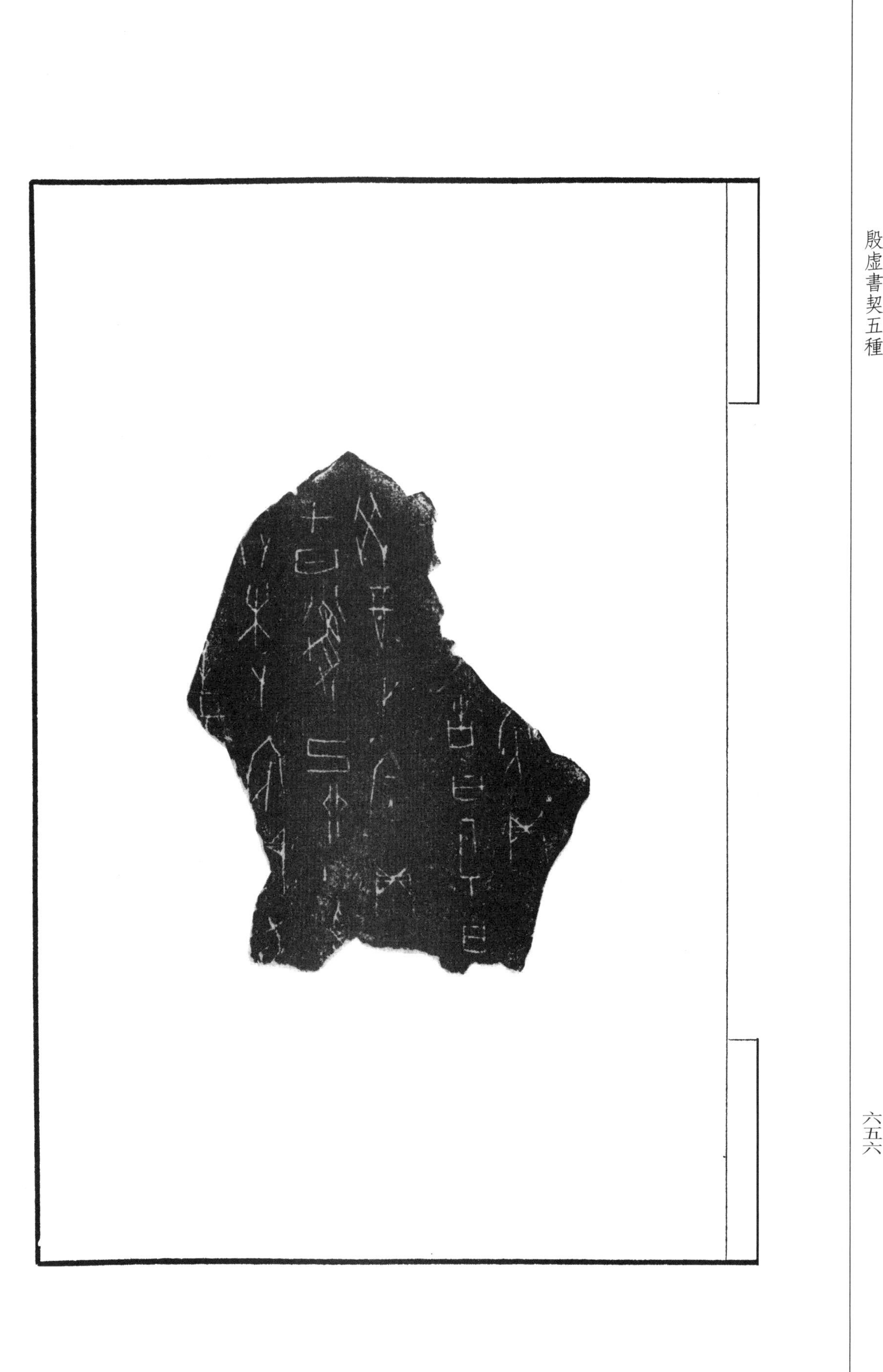

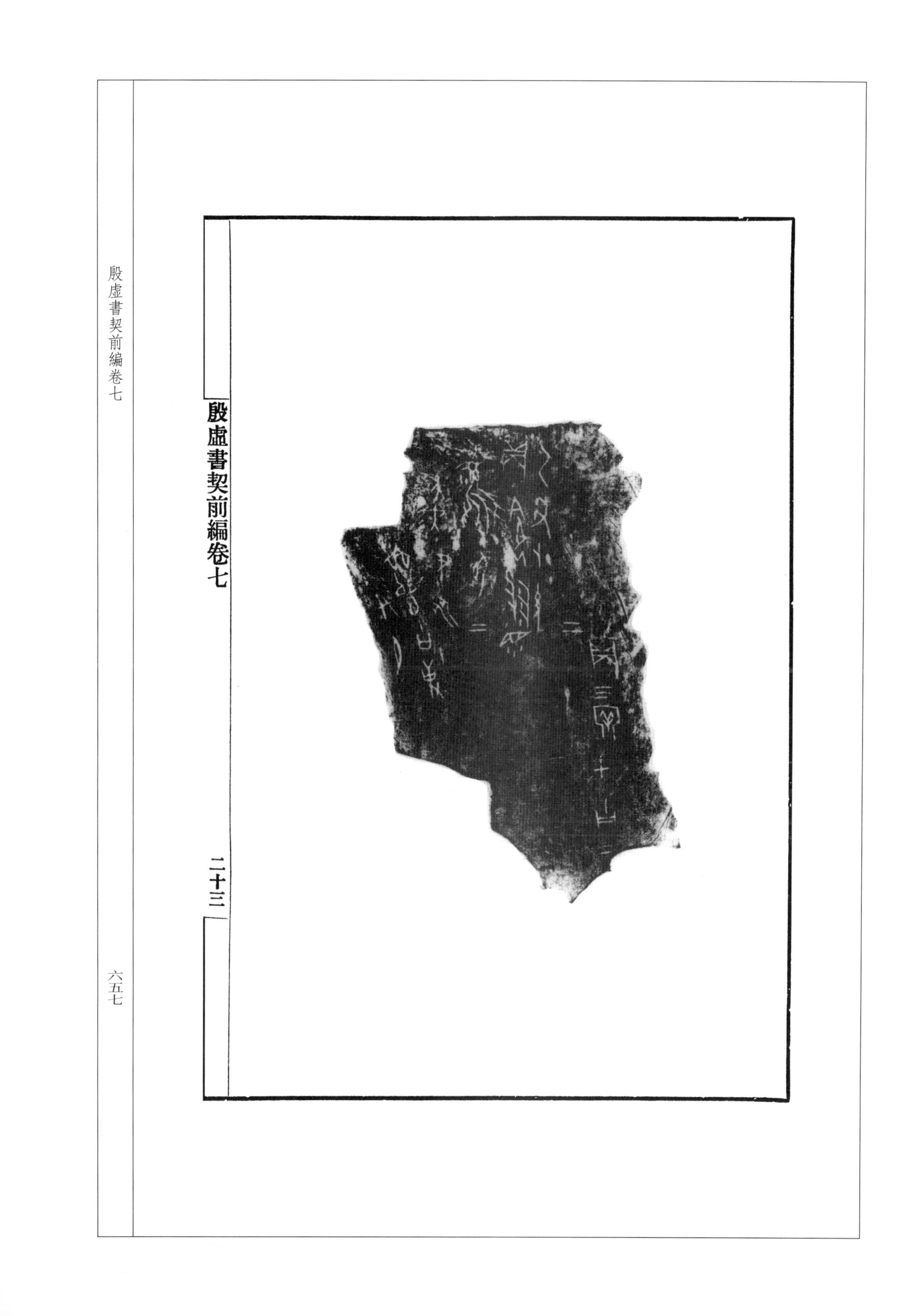

殷虛書契前編卷七

二十三

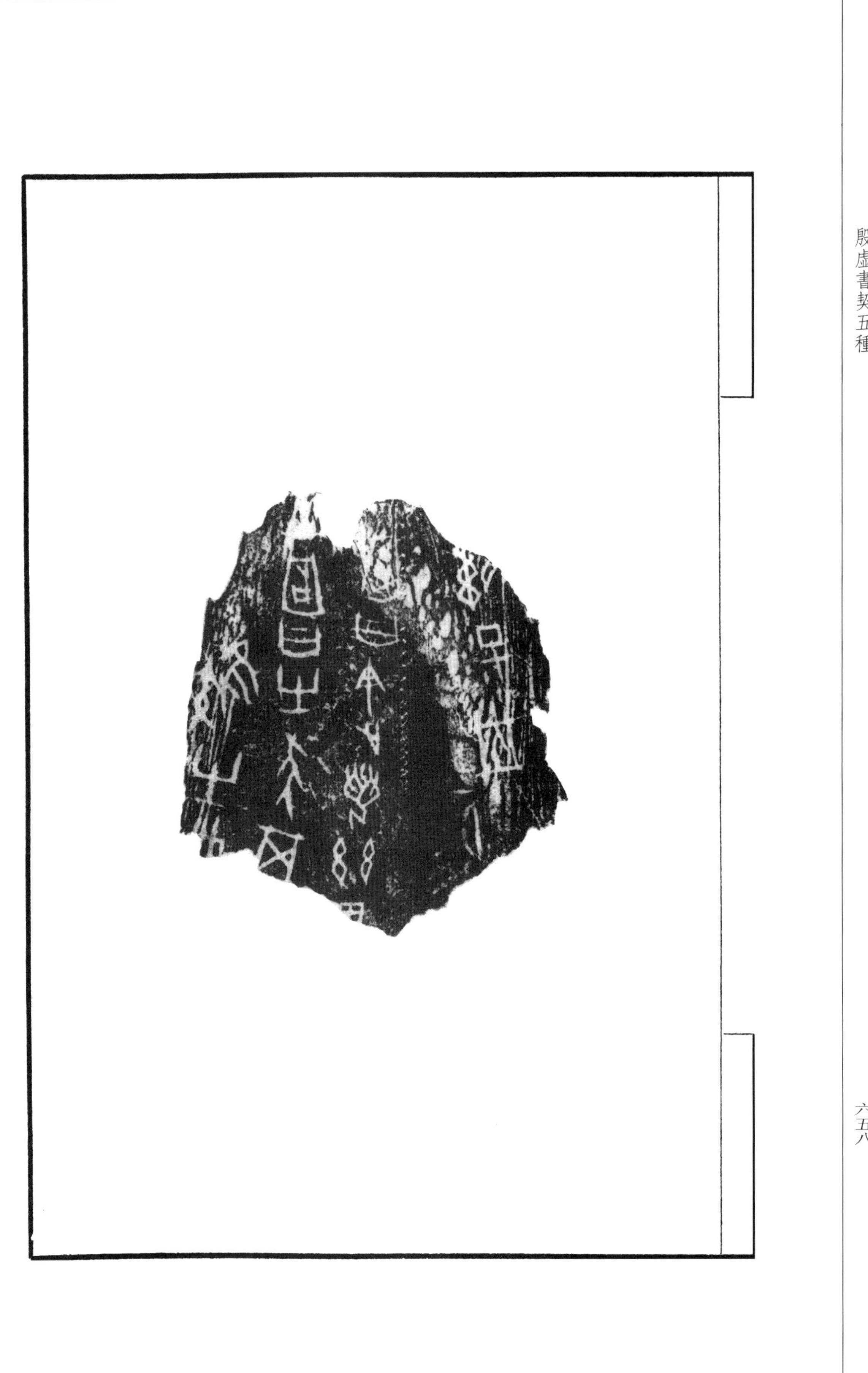

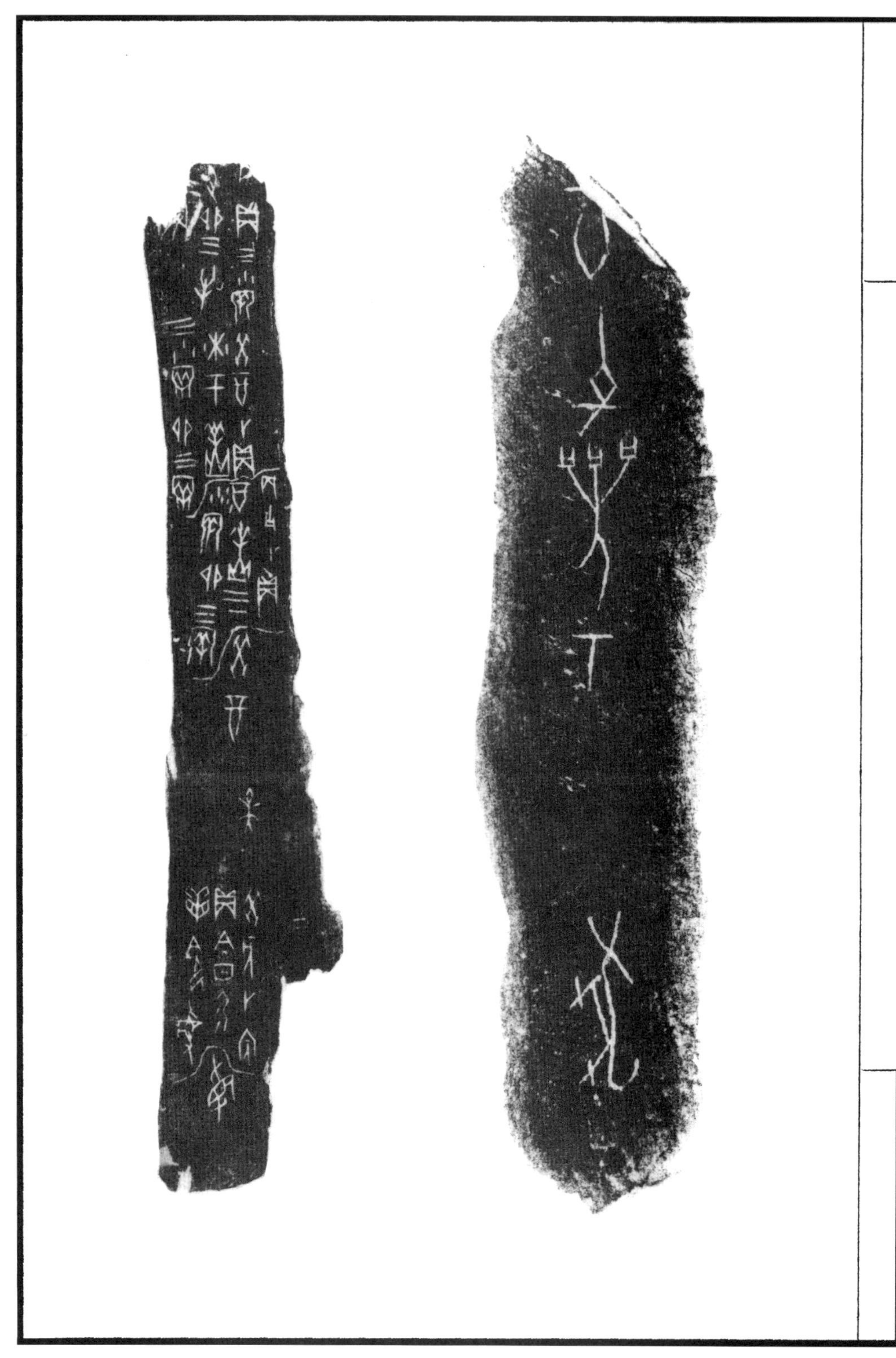

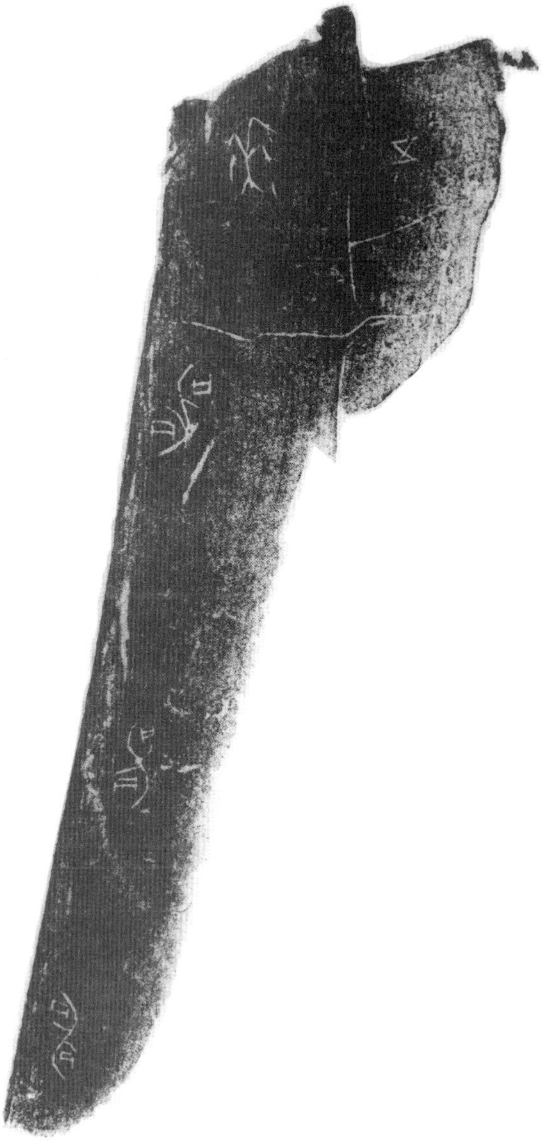

殷虛書契前編卷七

二十六

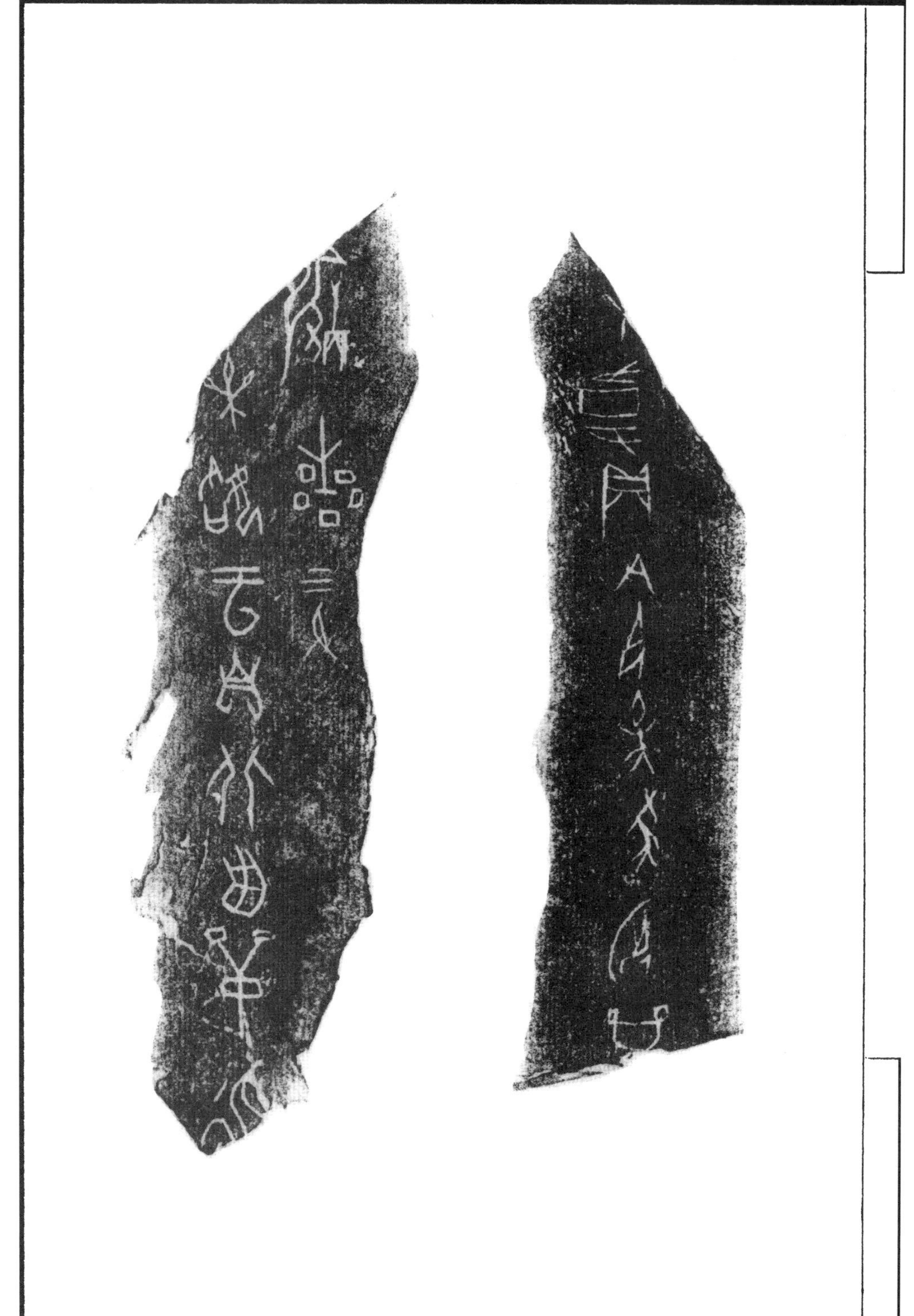

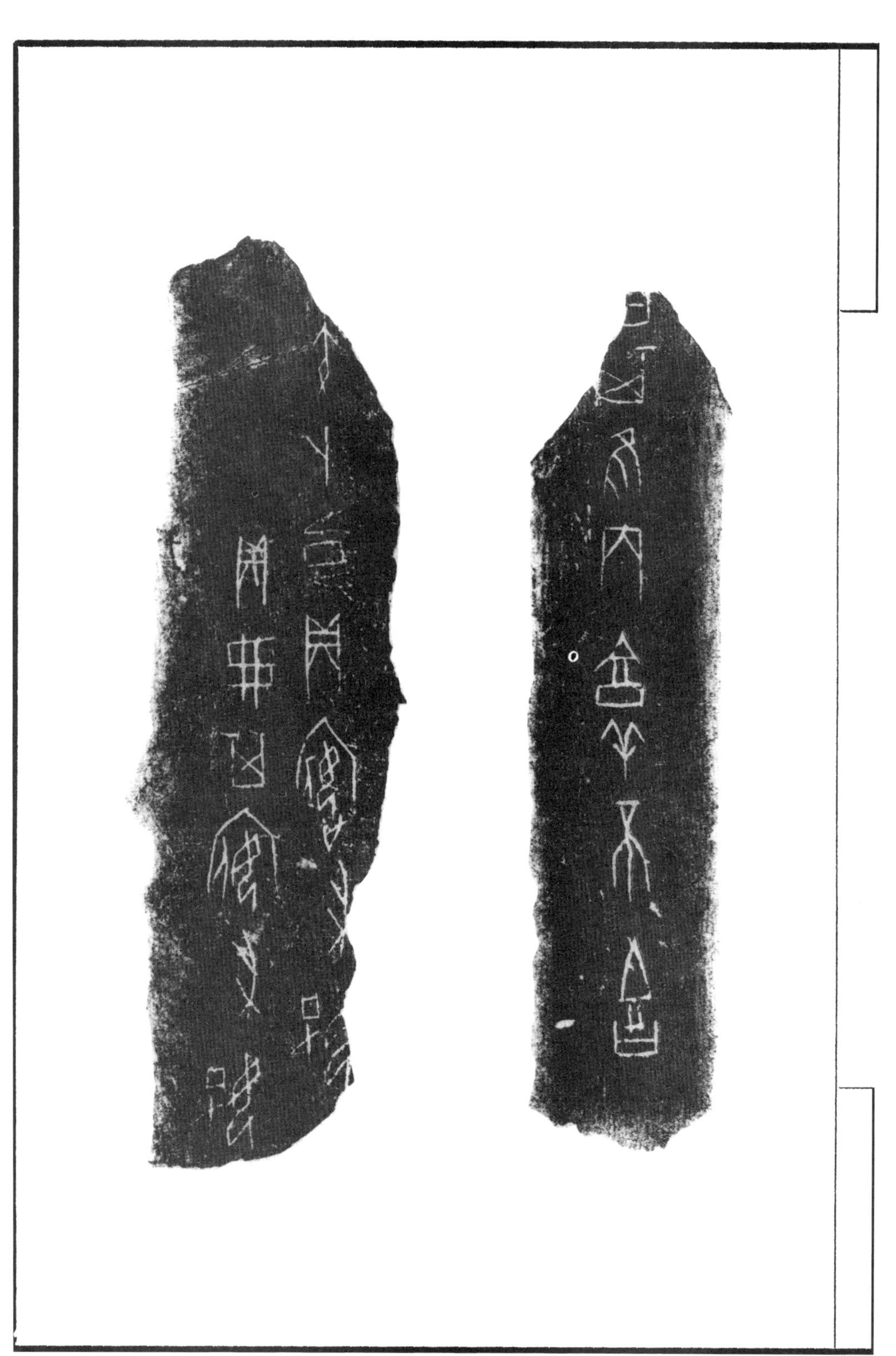

殷虛書契前編卷七

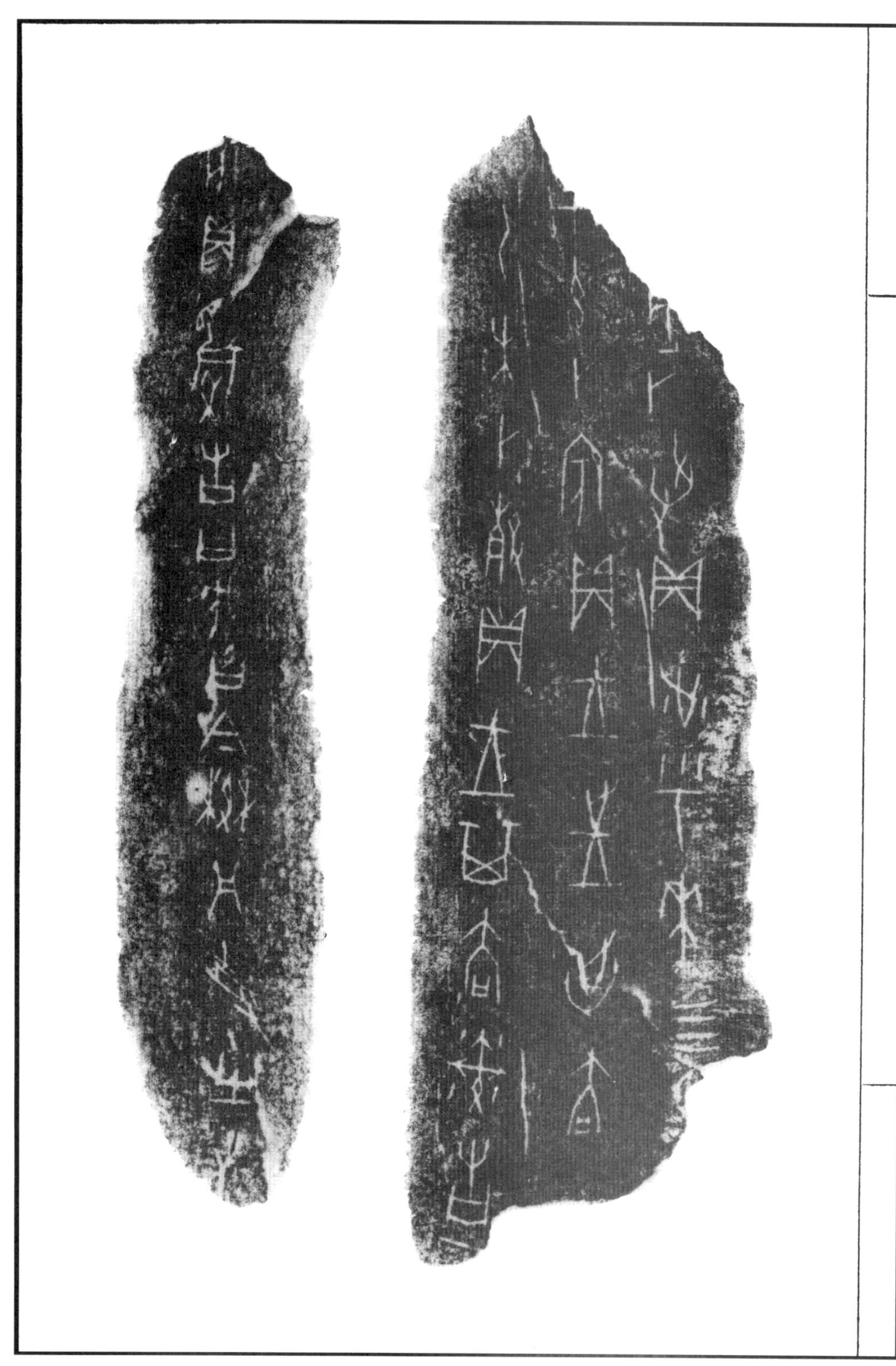

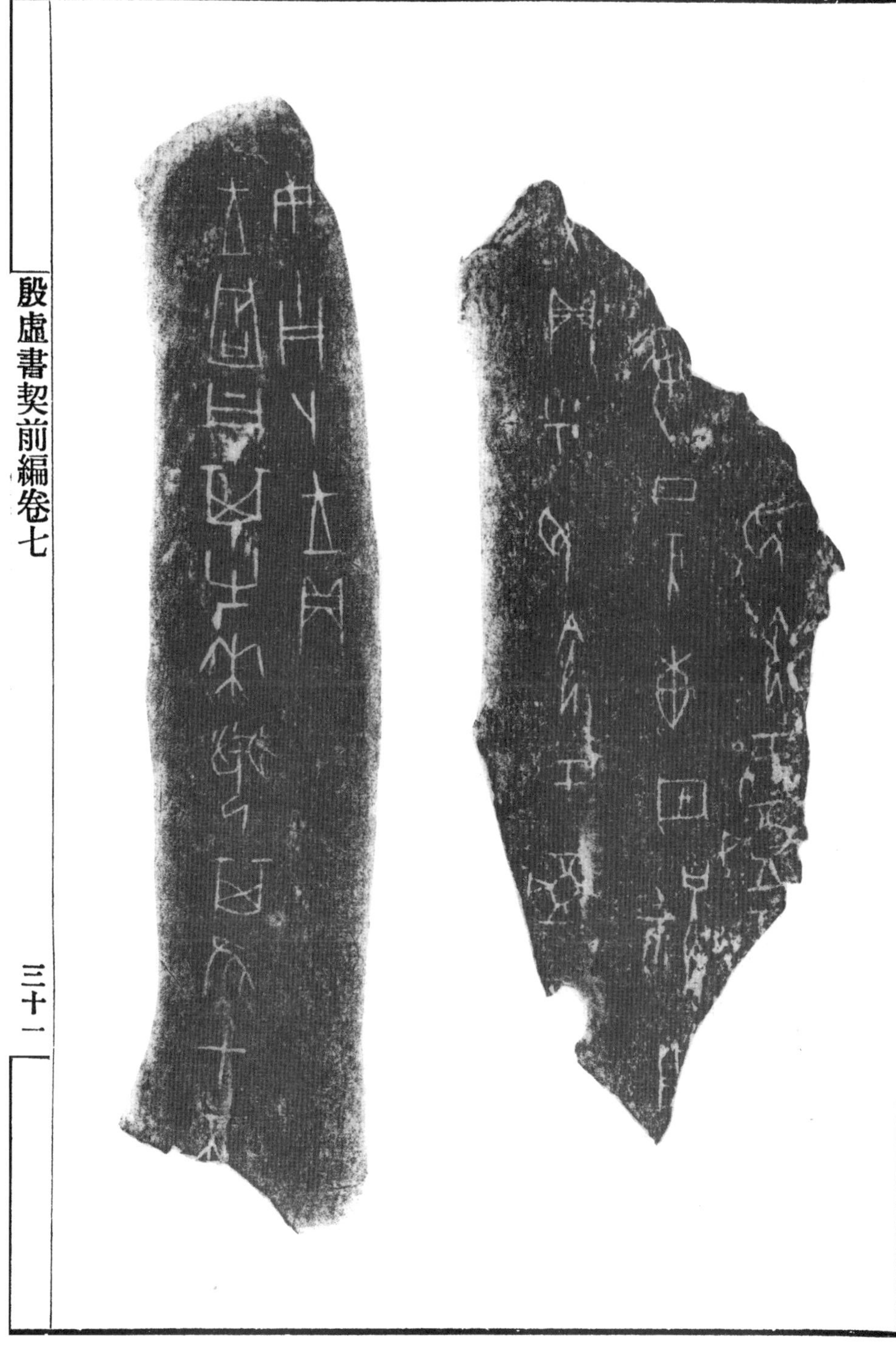

殷虛書契前編卷七

三十一

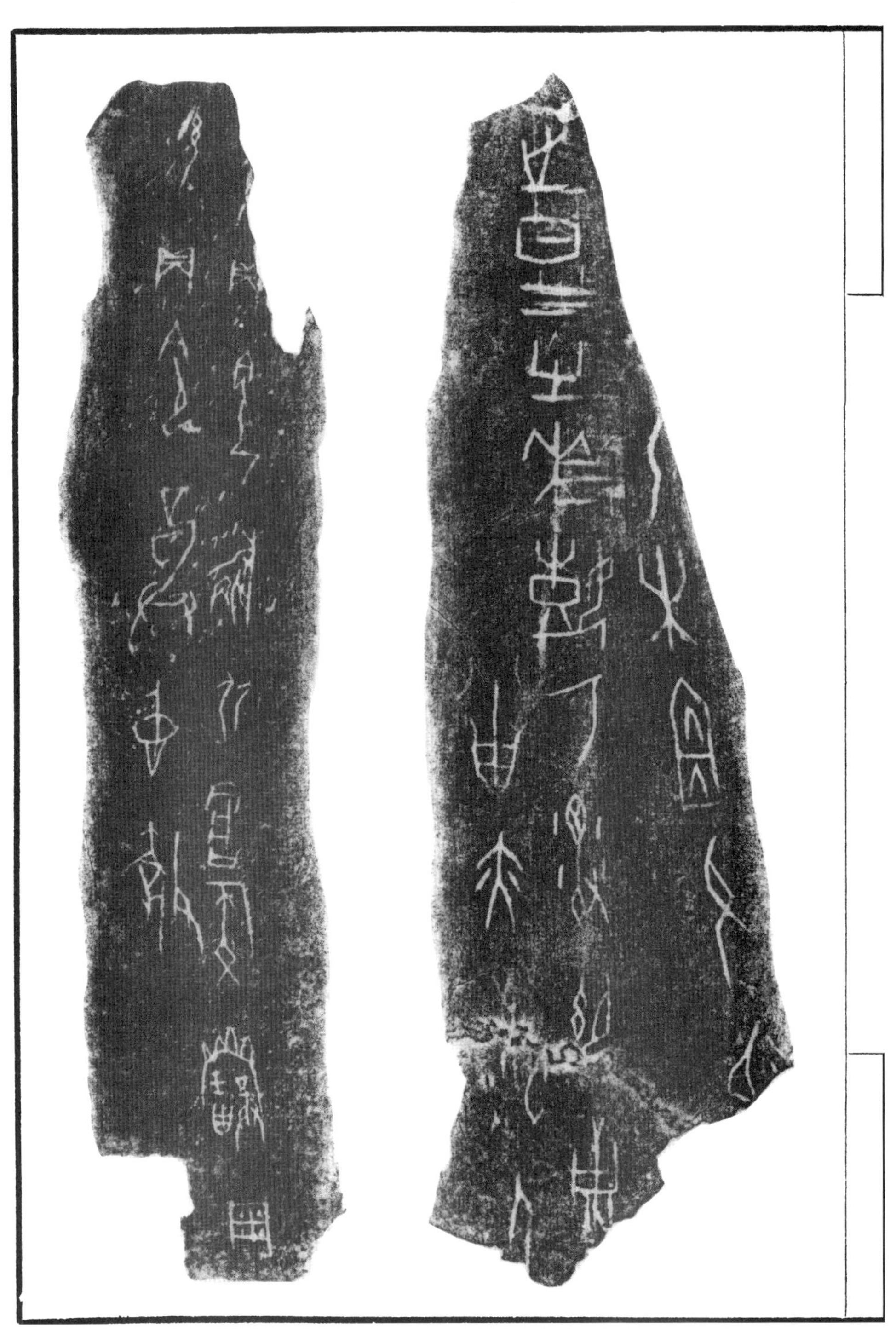

殷虛書契前編卷七

三十二

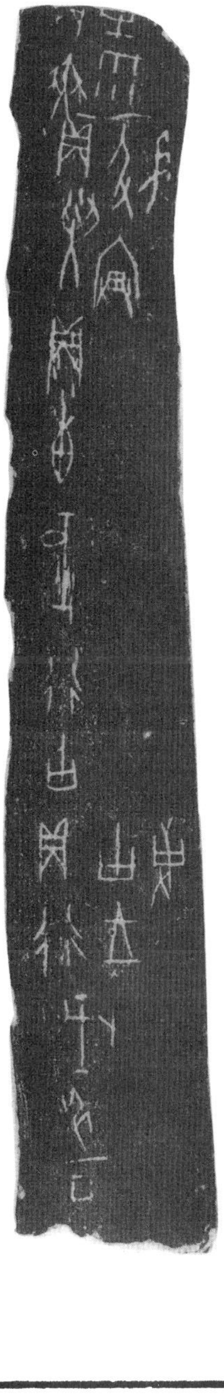

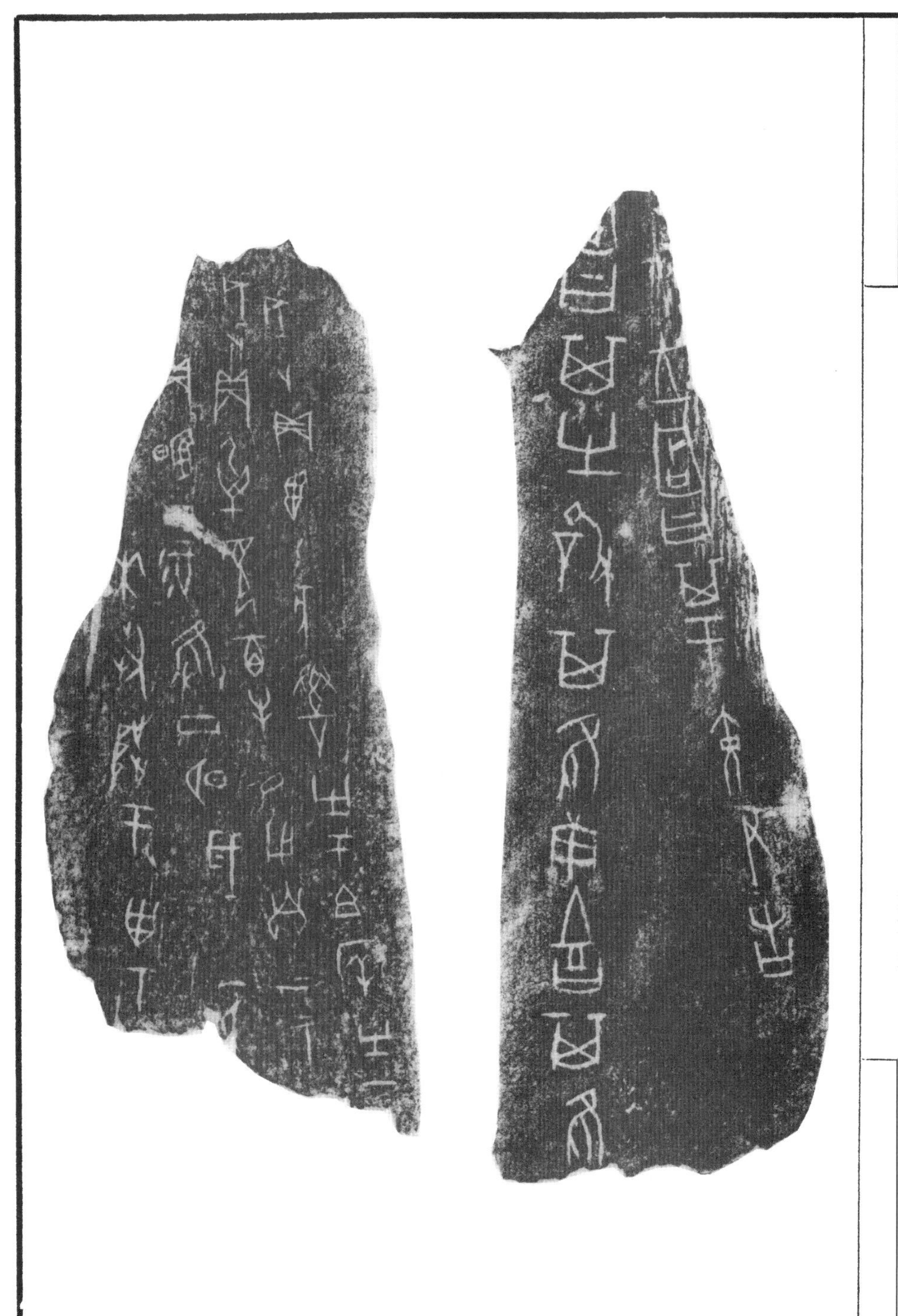

殷虛書契前編卷七　三十三

殷虚書契前編卷七

三十四

殷虛書契前編卷七

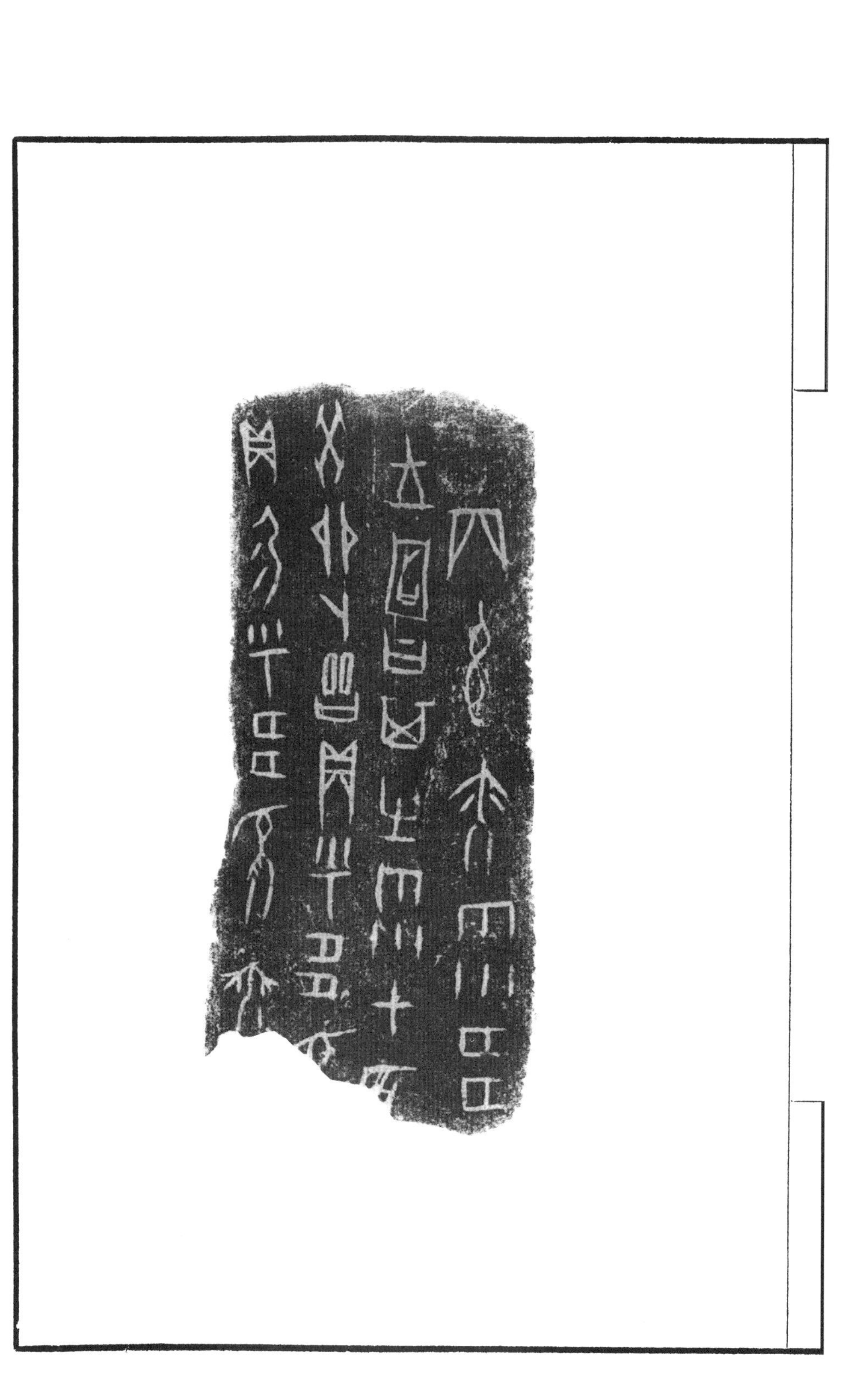

殷虚書契前編卷七

三十六

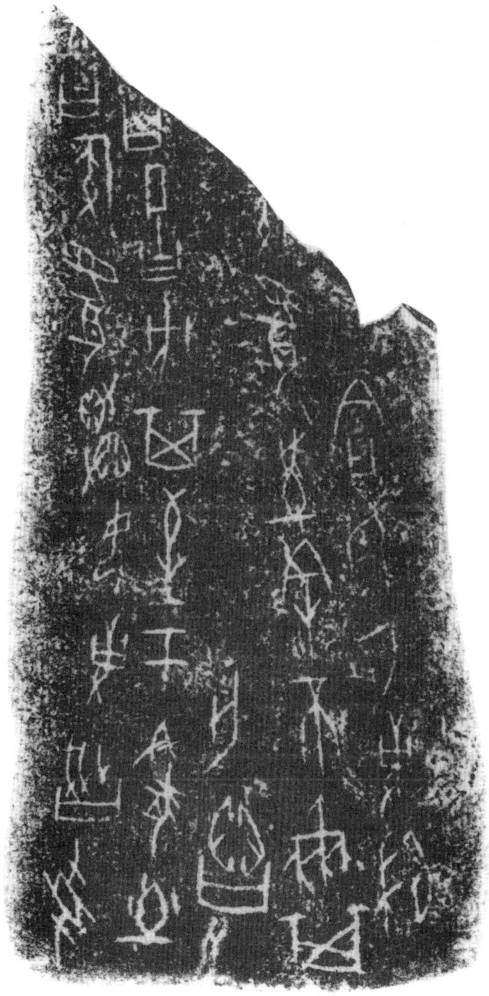

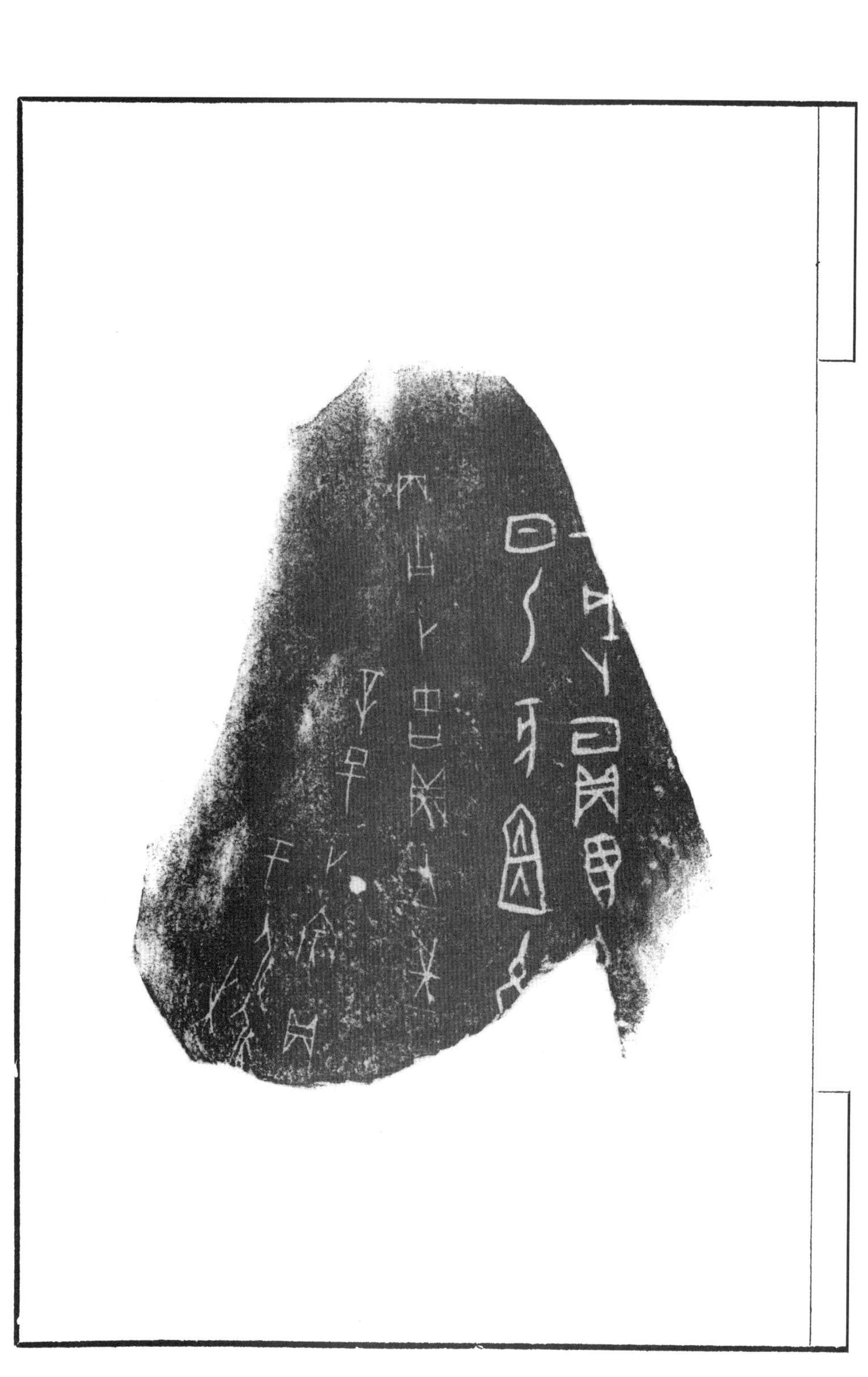

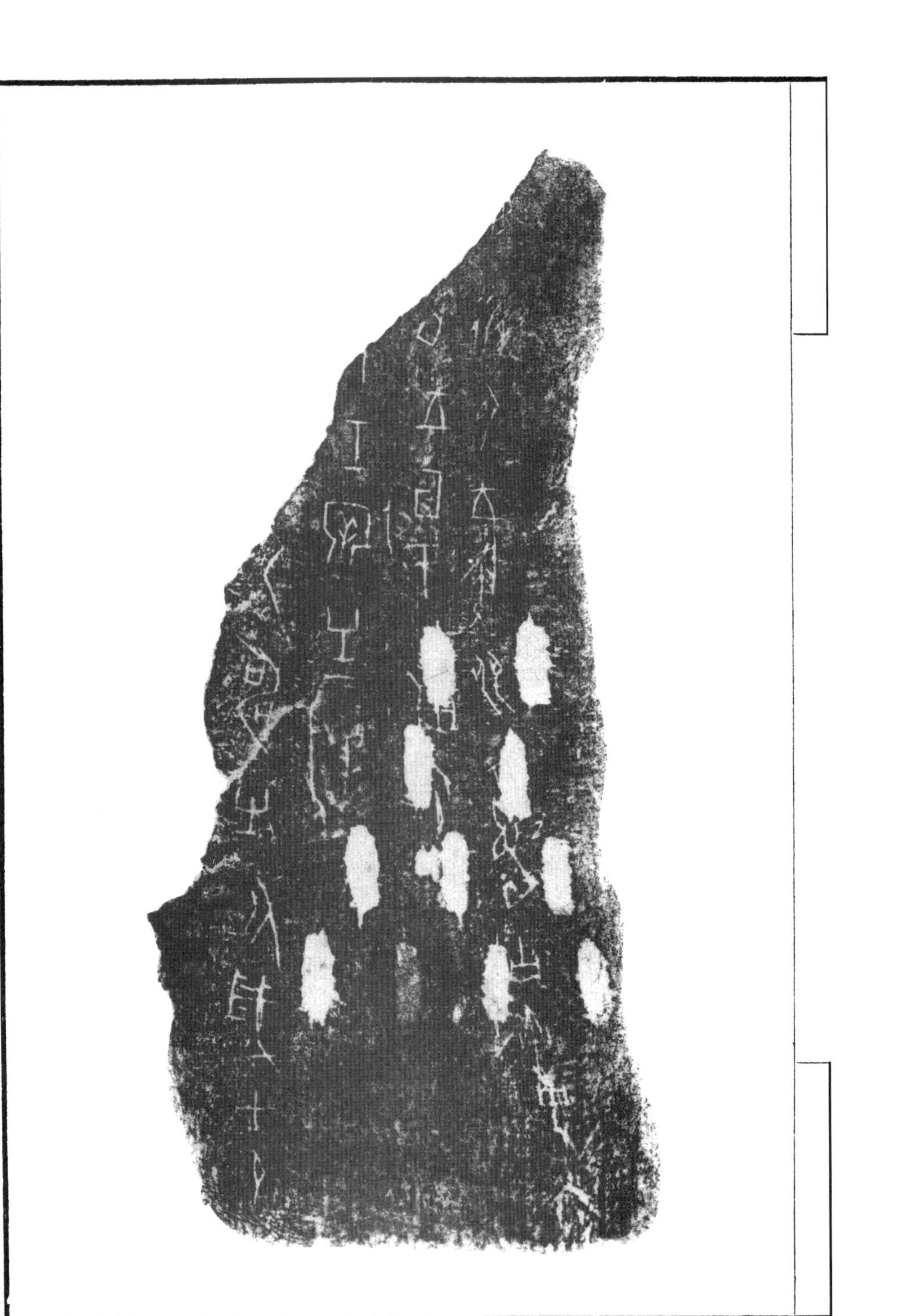

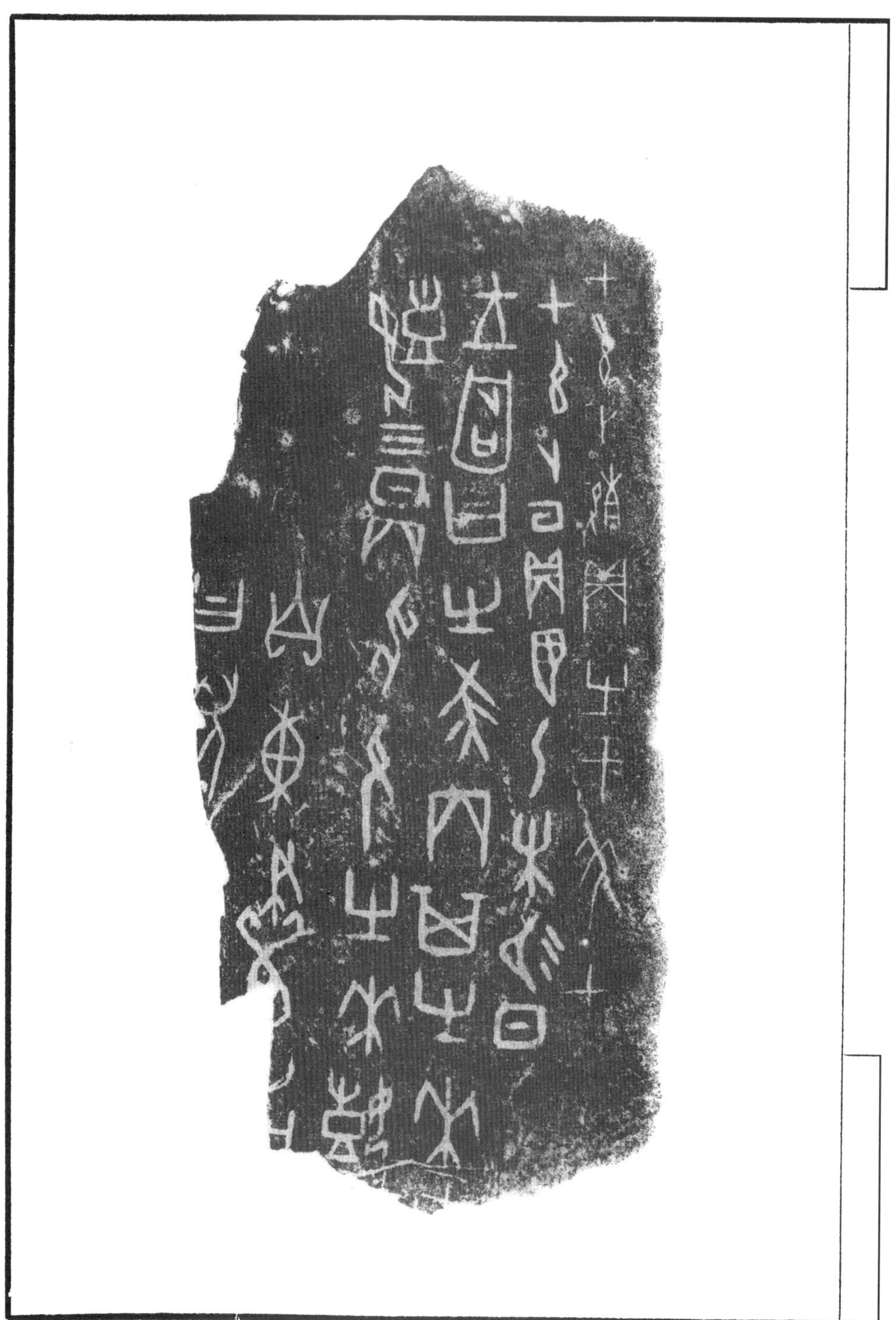

殷虛書契前編卷七

四十一

殷虚書契前編卷七

四十三

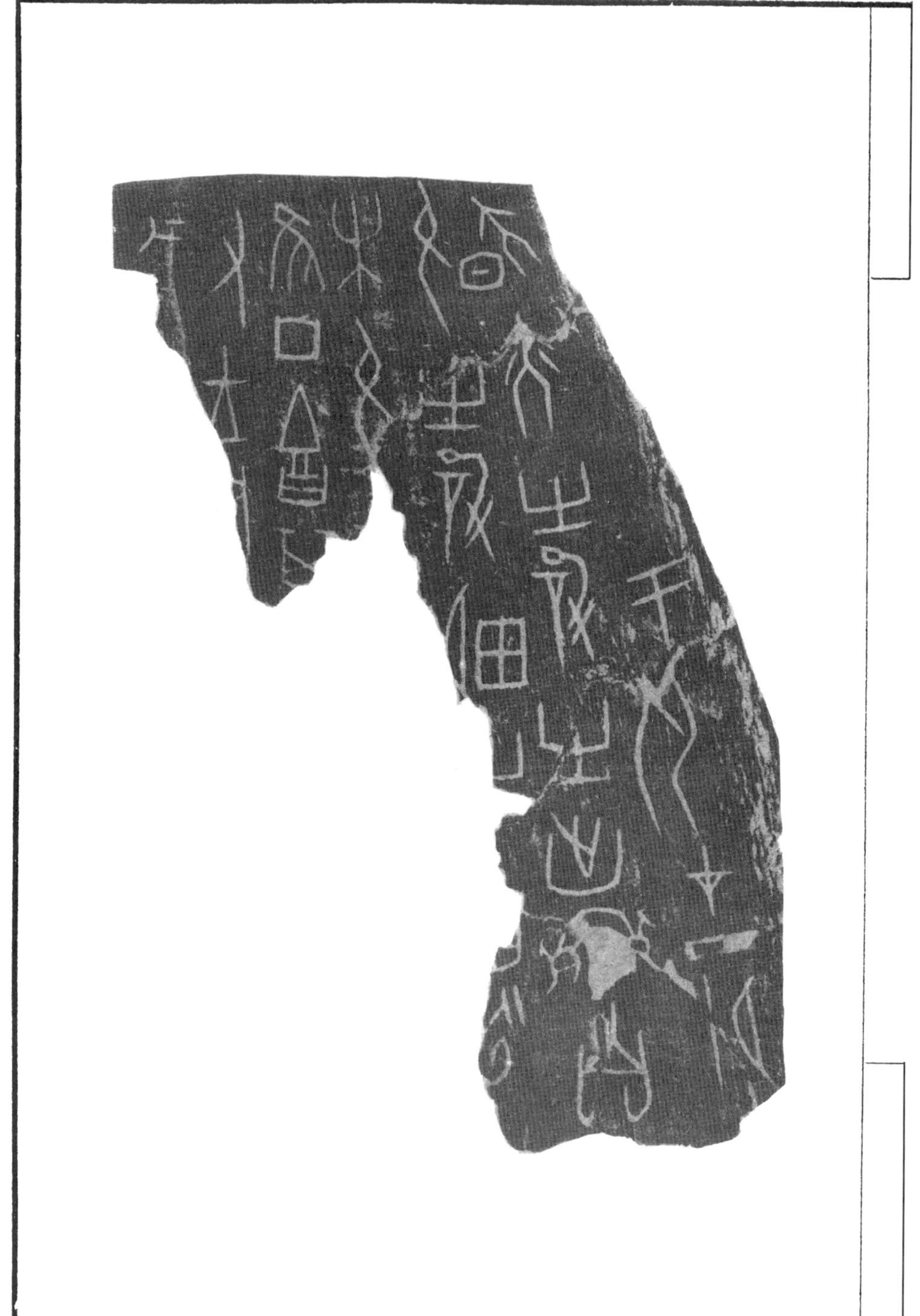

殷虚書契前編卷七
四十四

殷虛書契前編卷七

殷虚書契前編卷八

上虞 羅 振玉 類次

集古遺文第一

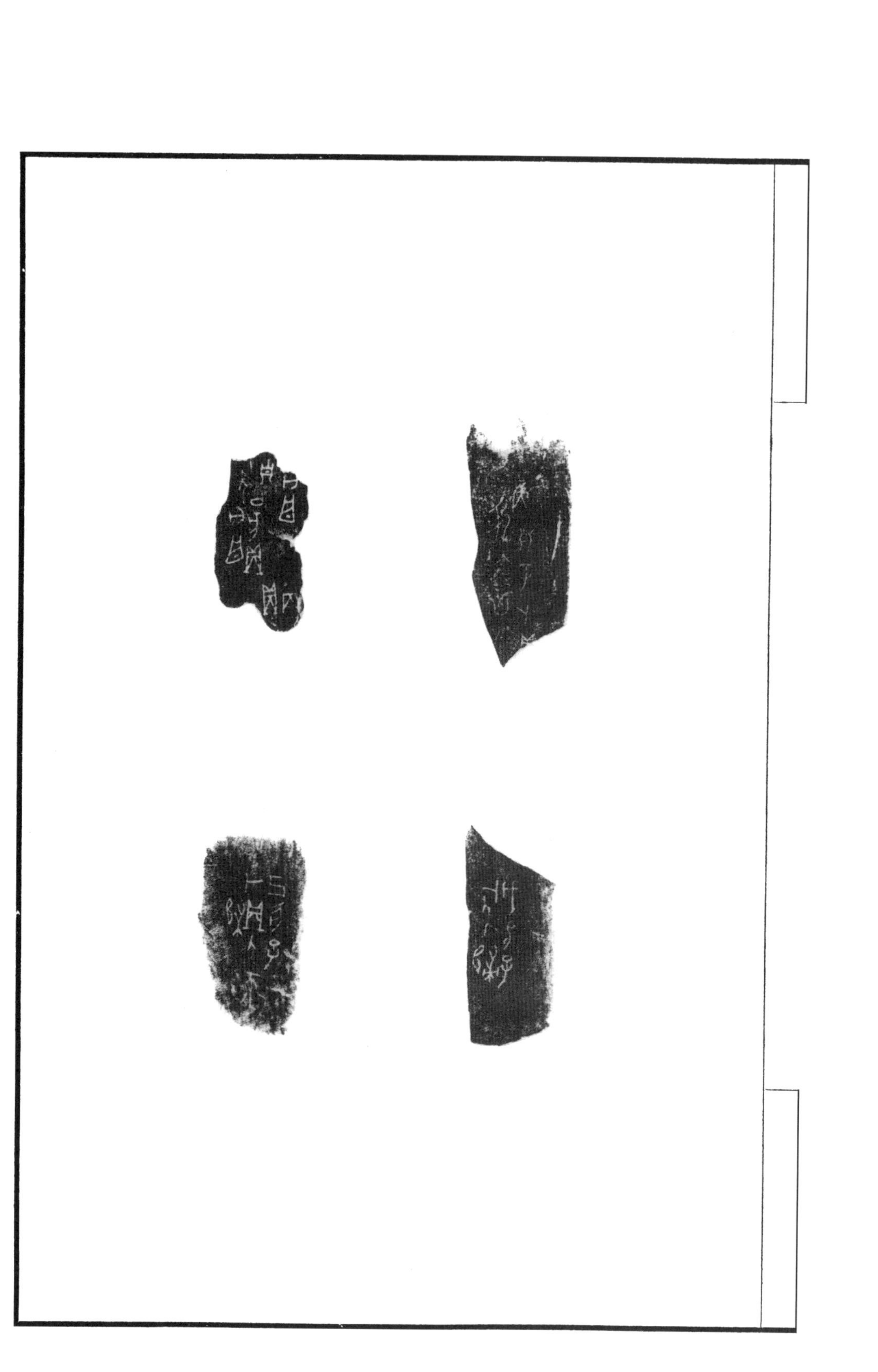

殷虚書契前編卷八

三

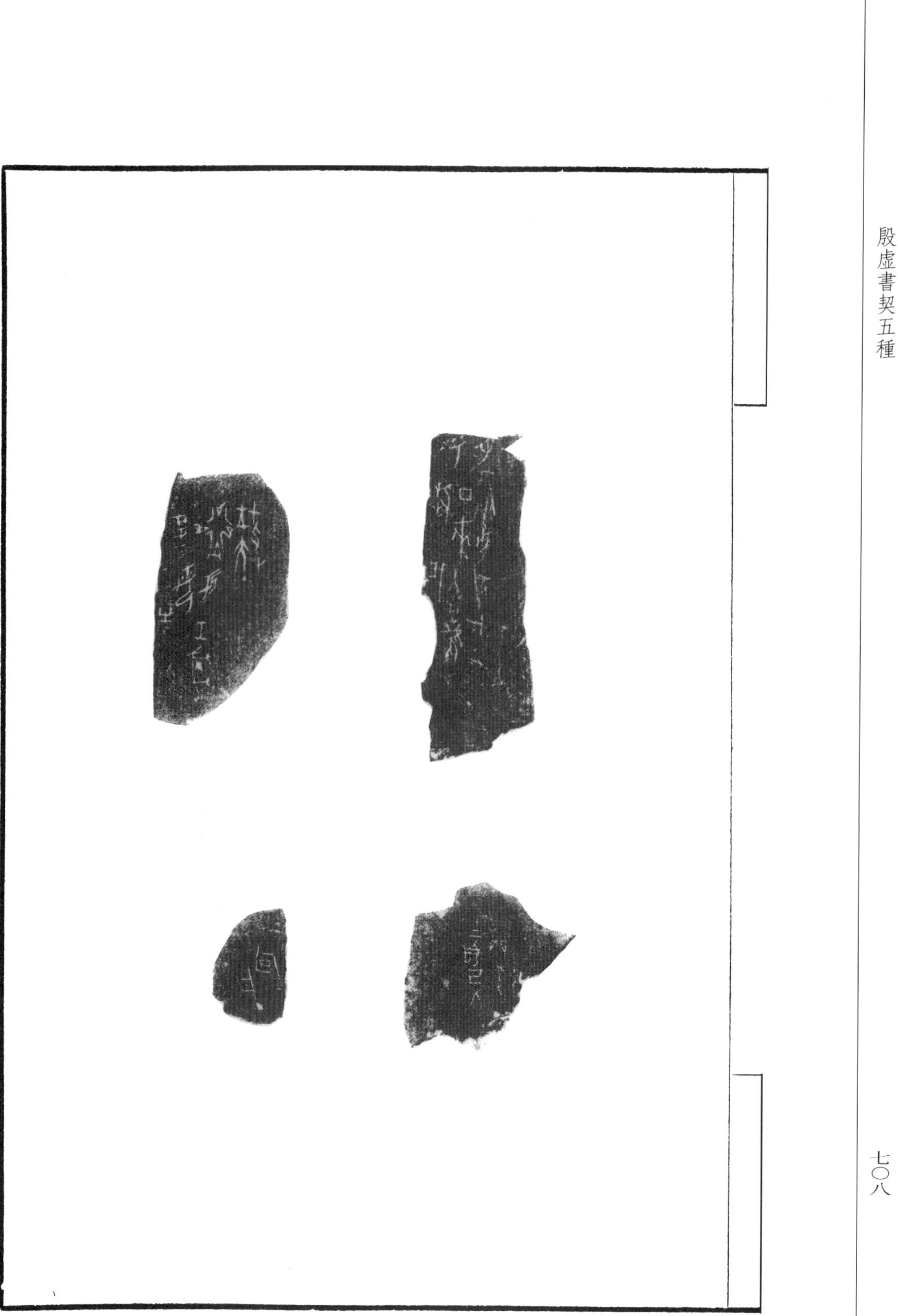

殷虛書契前編卷八

五

殷虚書契前編卷八

六

殷虚書契前編卷八

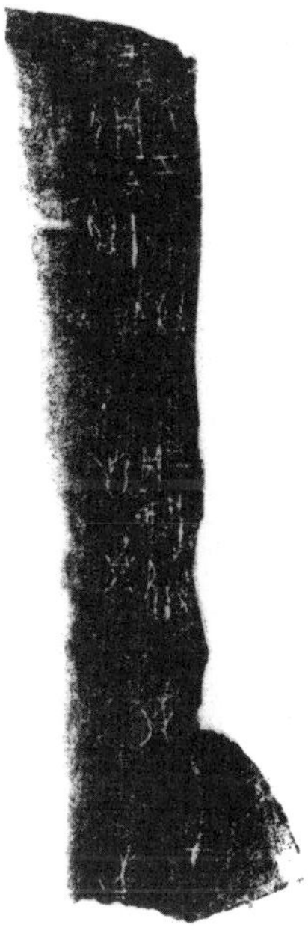

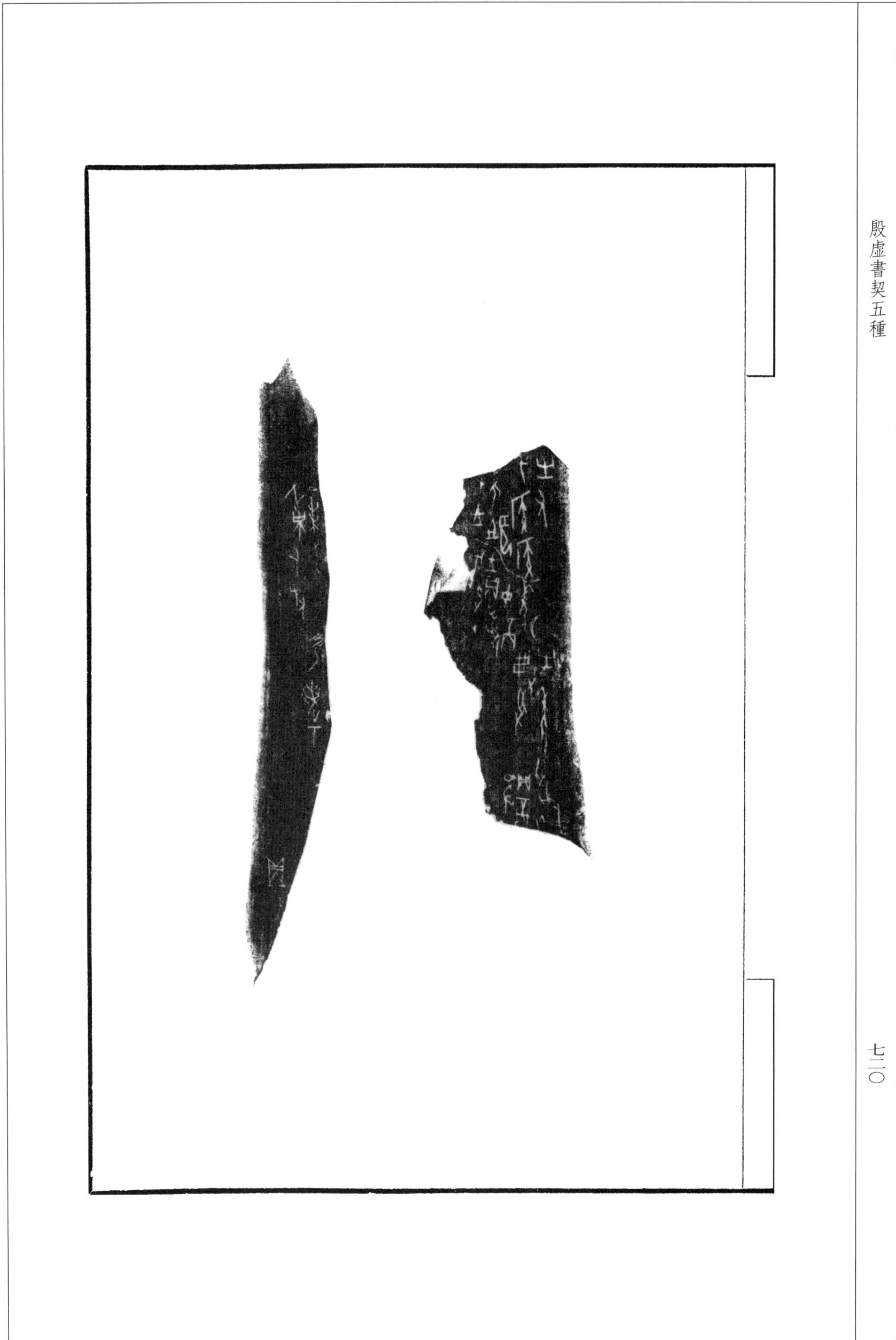

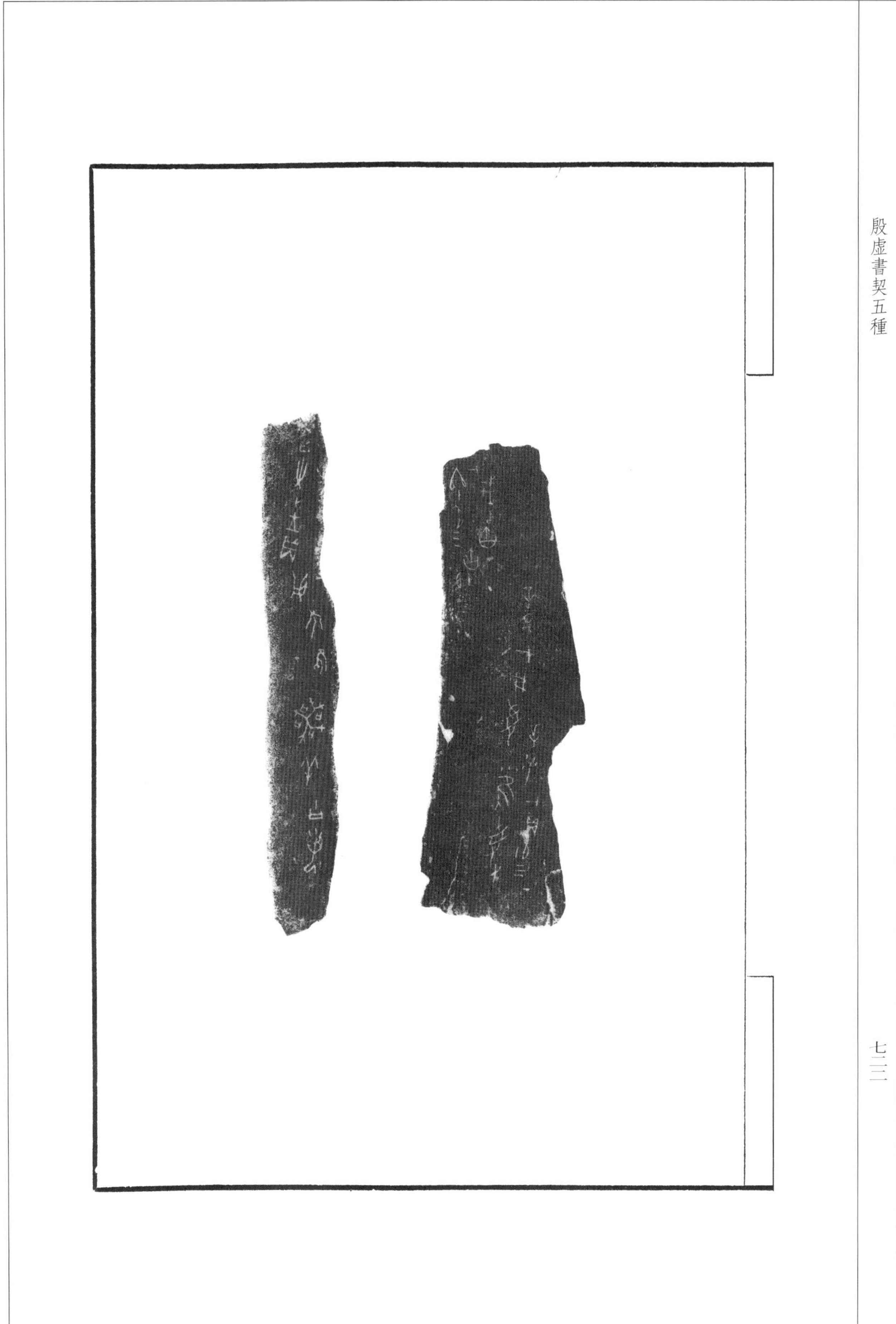

殷虚書契前編卷八

十二

殷虚書契前編卷八

十三

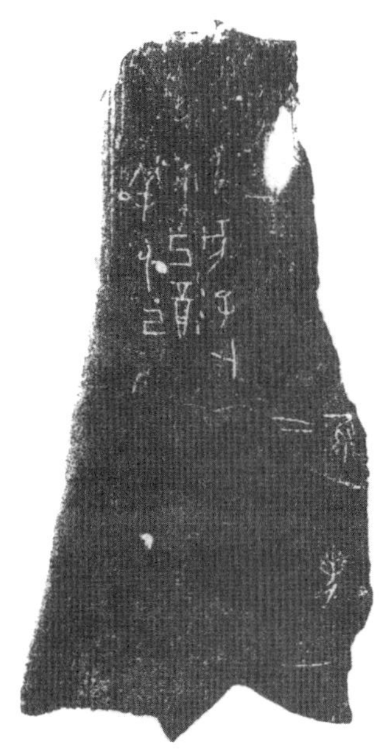

殷虛書契前編卷八

十五

殷虛書契前編卷八

殷虚書契菁華

殷虛書
契菁華

予曩蒐集殷虛遺文得骨甲逾萬既拓其尤要者為殷虛書契而選中所存冣大之骨為未拓墨蓋骨脆懼或損文字也然又不忍使湮沒不傳爰發篋與精印並取往昔拓墨所遺脆弱易損者數十枚益之顏之曰殷虛書契菁華俾與前編並行焉甲寅十月上虞羅振玉書於東山寓舍之偏廬

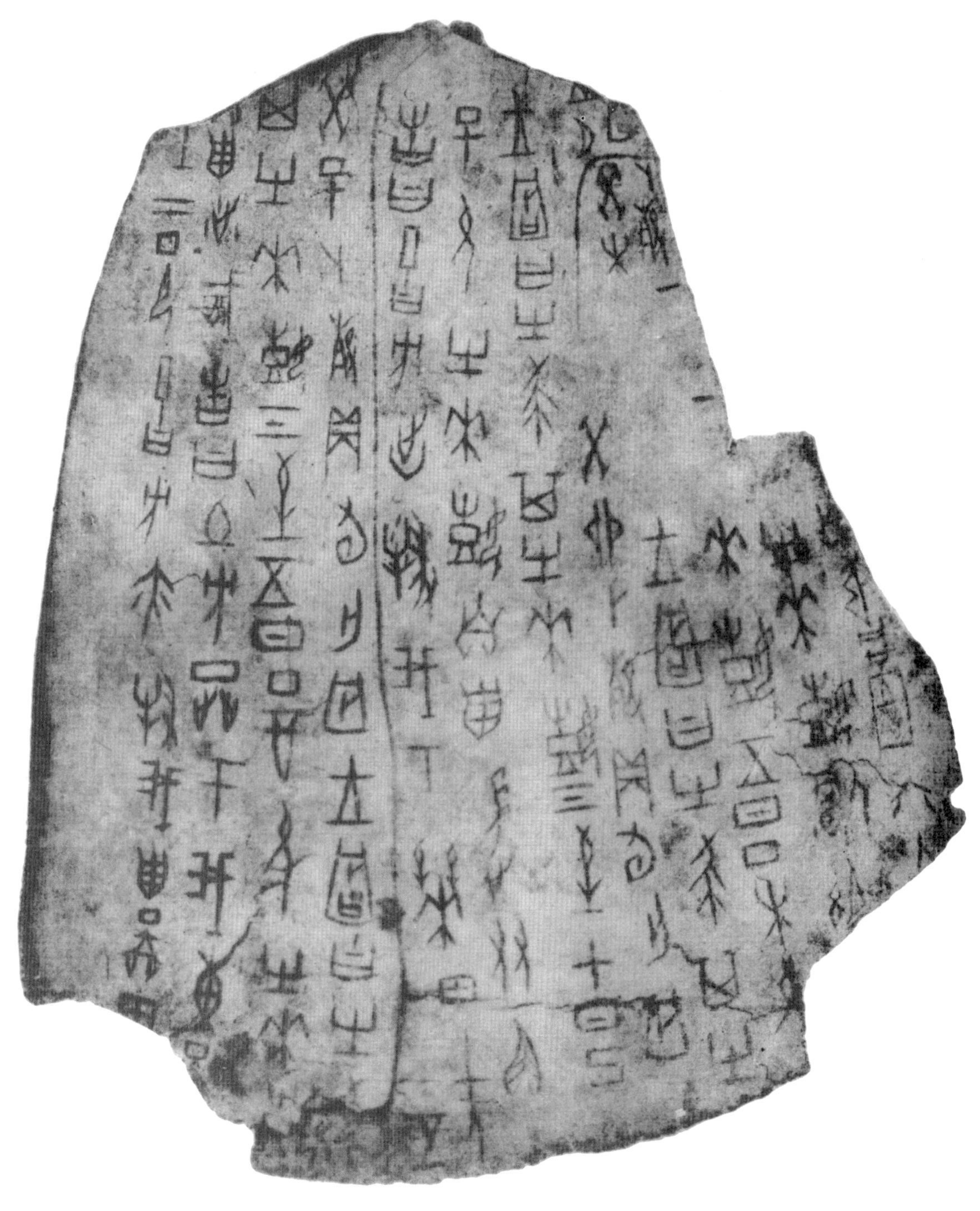

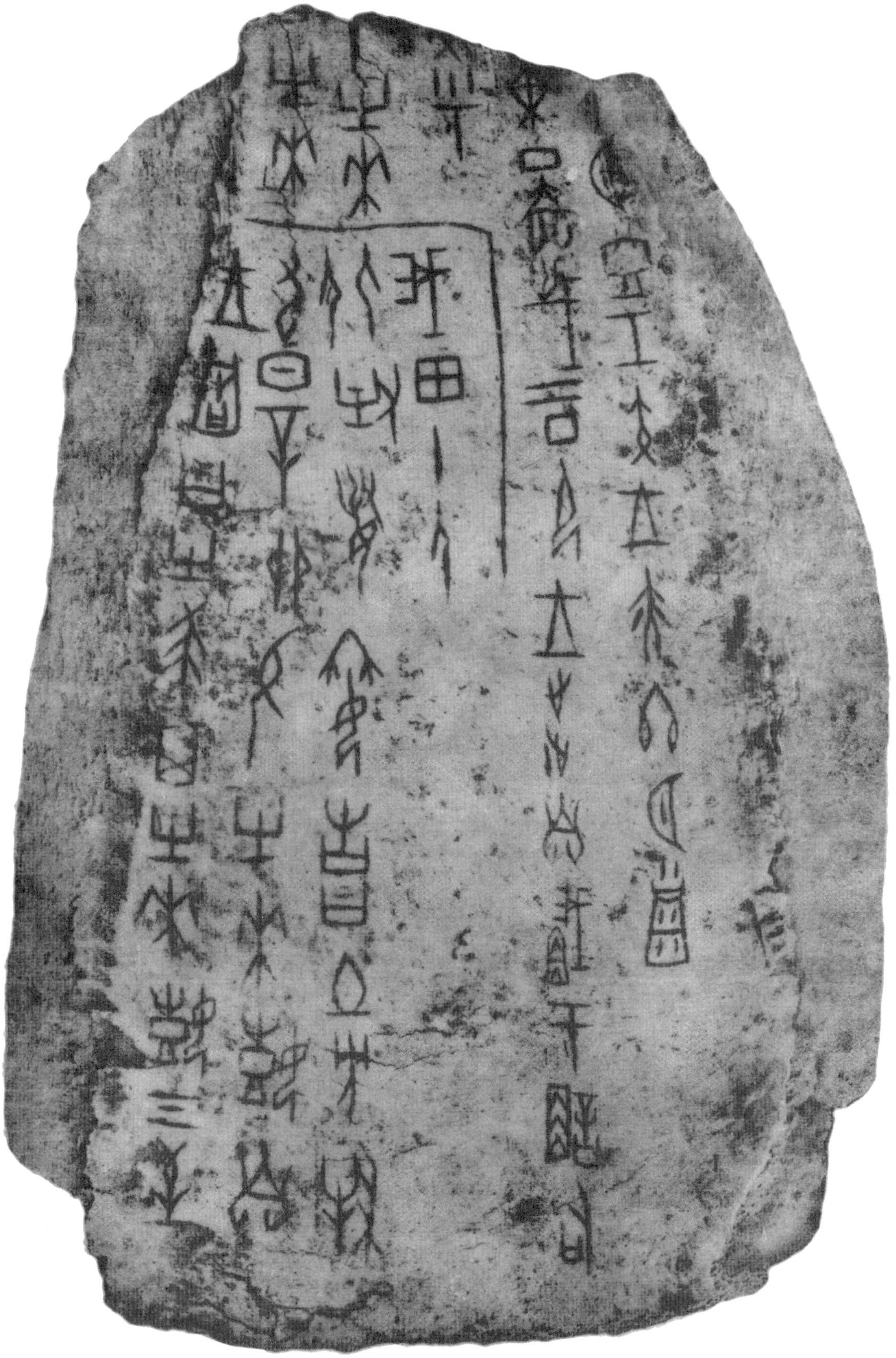

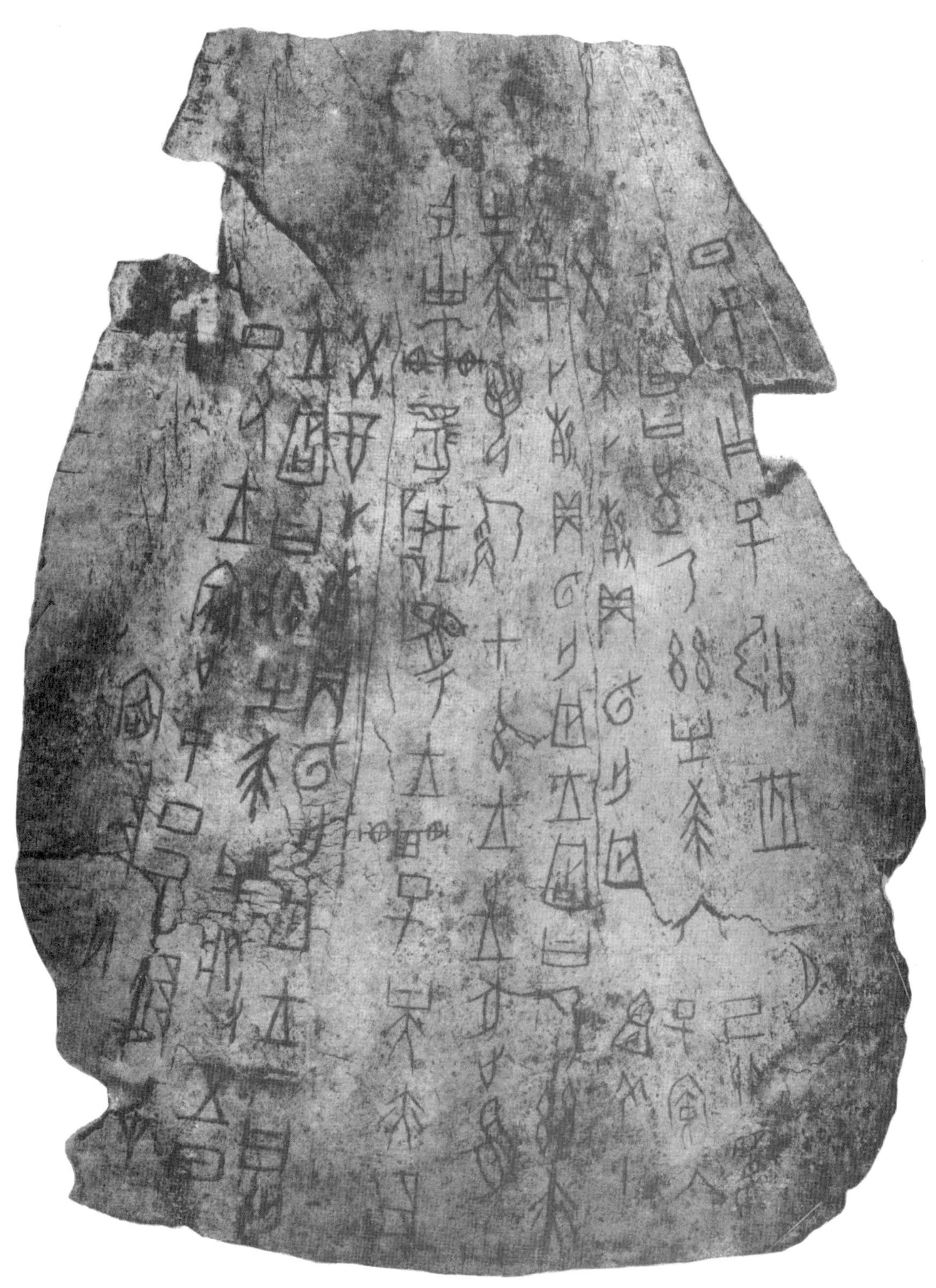

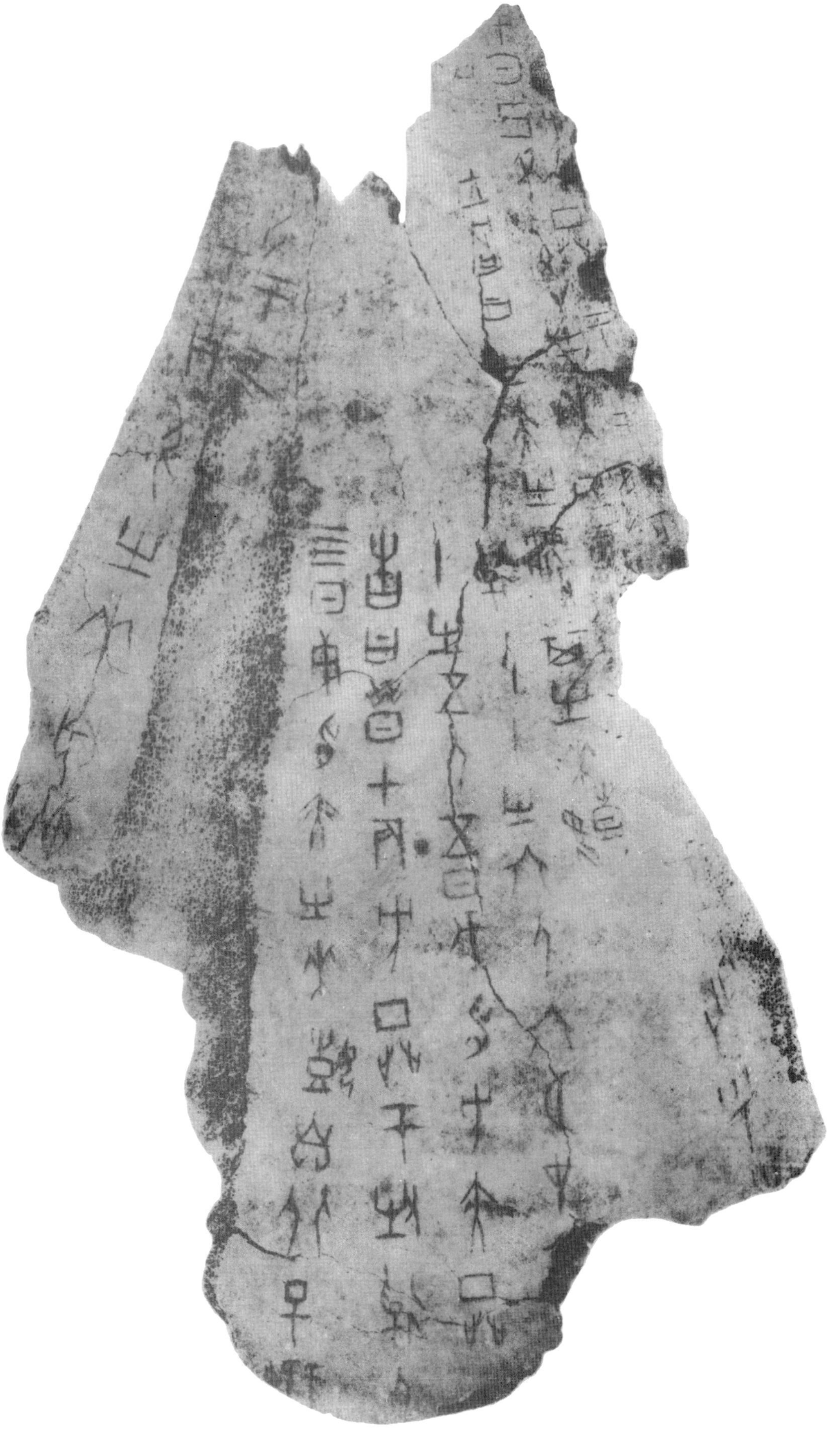

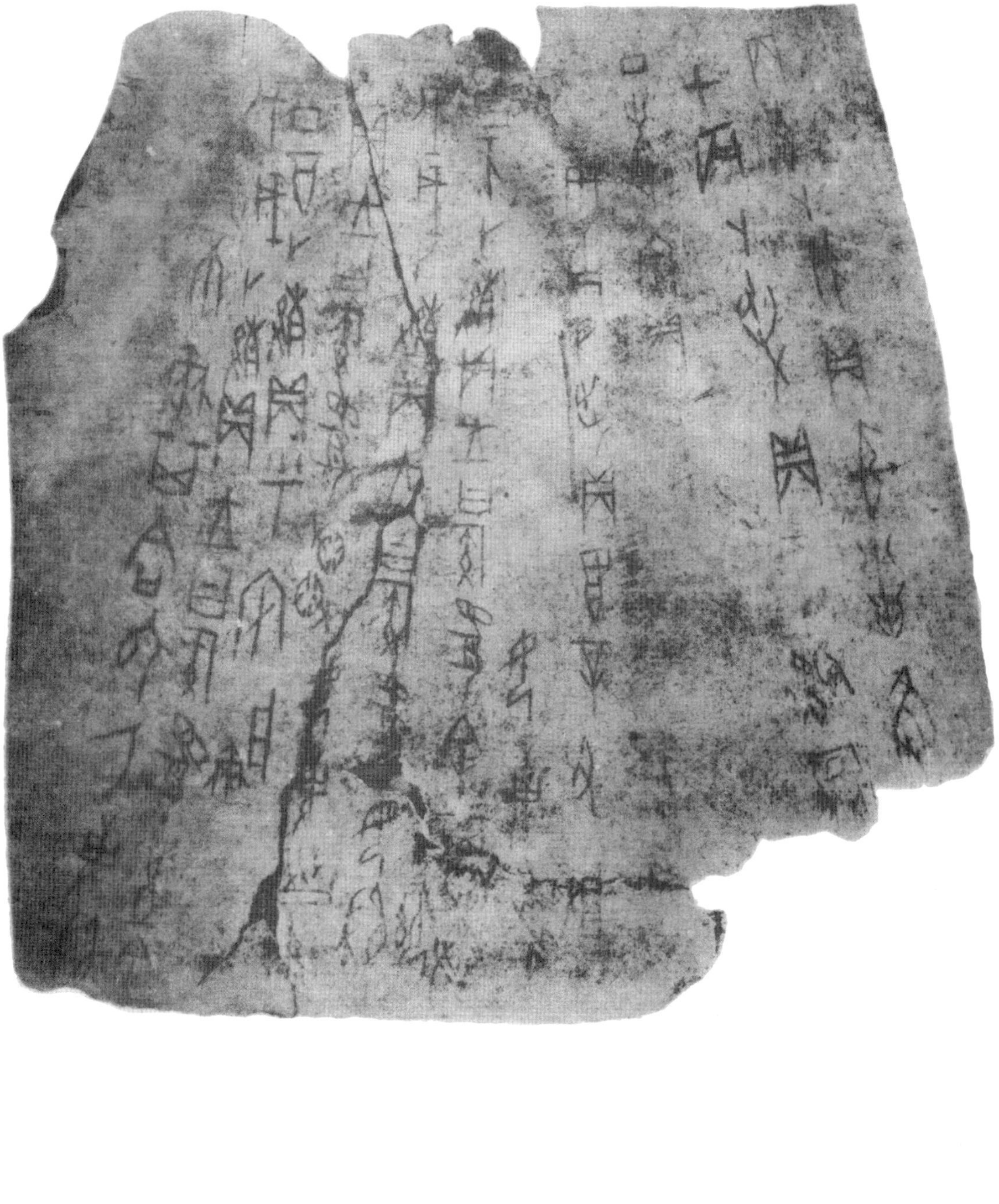

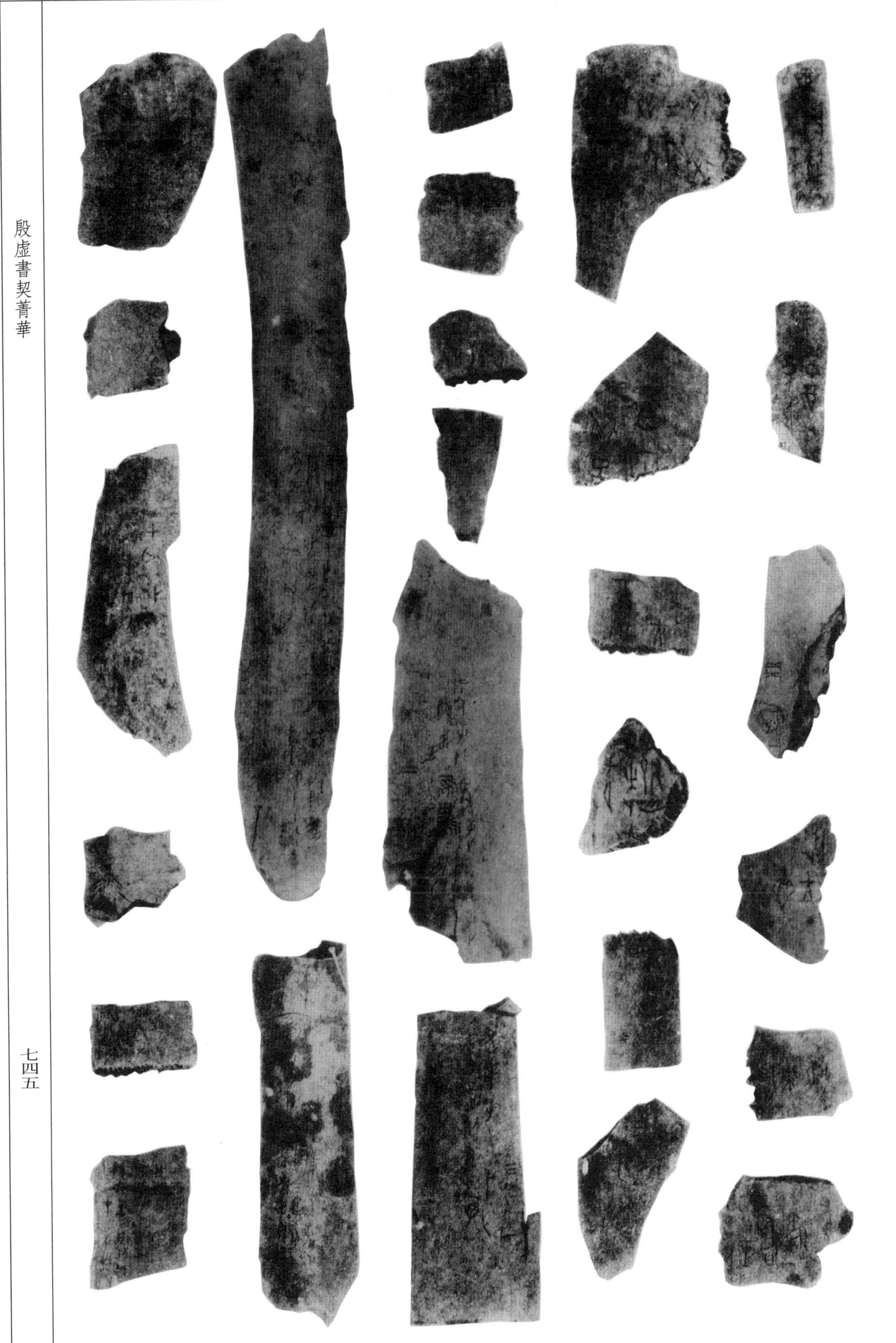

殷虚書契後編

殷虚書契後編

丙辰蓂春編印

宣統壬子，予既類次所藏殷虛文字為書契前編八卷，書既出，羣苦其不可讀也。越二歲，予乃發憤為之考釋，私意區宇之大，圓顱方趾之衆，必將有嗣予而闡明之者，乃久而闃然。復念並世之士或不樂為此寂寞之學，當有會最殷虛文字以續我書者，久亦闃然無所聞也。一若發潛闡幽為區區一人之責者。至是予乃益自厲，曰：天不出神物于我生之前、我生之後，是天以畀予也；舉世不之顧而以委之予，此人之召我也。天與之，人與之，敢不勉夫。爰以乙卯仲春渡海涉洹，弔武乙氏之故虛，履發掘之遺迹，恍然如見殷大史藏書之故府。歸而發篋，盡出所藏骨甲數萬，遴選前編中文字所未備者，復得千餘品，手施繶墨，百日而竣。方謀所以流傳之，家人聞而笑曰：往以印書故，竈幾不黔，今行見釜魚矣。予乃亦一笑而罷，然固未嘗恝置也。今年春游滬瀆，始知歐人哈同君者篤嗜我國古文字之學，嘗創立學舍以養諸生，名之曰倉頡大學，其趨向可知也。聞予爲此書，請而刊焉，乃以十日之力亟釐爲二卷，付之俾與前編共傳當世。往嘗念言學術傳布之責，天下有力者當共肩之，乃久無所遇，今果得之哈同君。予所著書及屬稾未就者，積稾尚夥，詳聞哈同君且將一一請而刊之，其好義有足多者。世固不乏具哈同君之力者，倘有聞哈同君之風而興起者乎？予爰書哈同君行誼以告之。歲次丙辰上巳，永豐鄉人羅振玉書於殷禮在斯堂。

殷虛書契後編卷上

上虞羅振玉類次

集古遺文第一

殷虛書契後編卷上

二

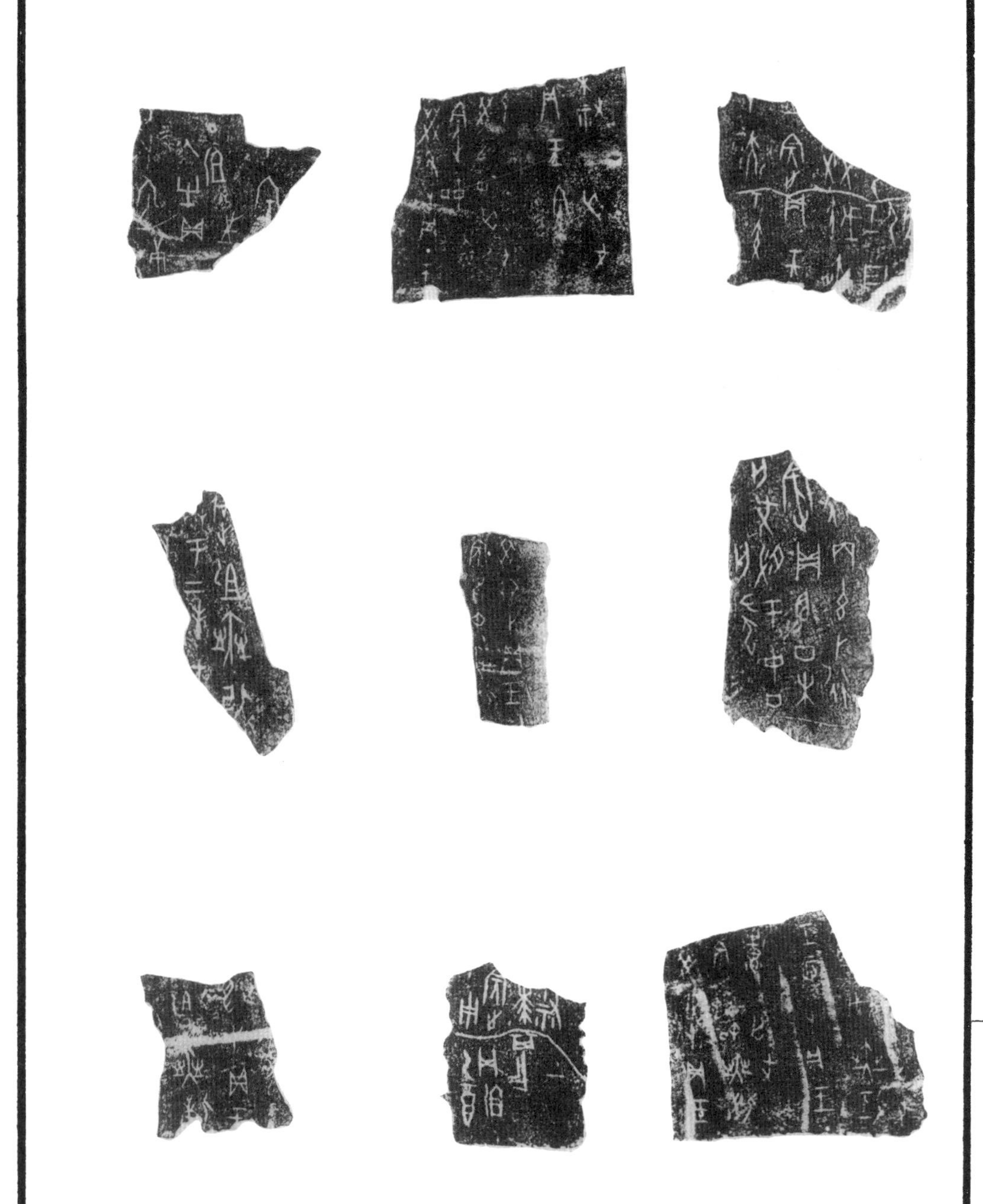

殷虛書契後編卷上

三

殷虛書契後編卷上

四

殷虚書契後編卷上

五

殷虛書契後編卷上

六

殷虚書契後編卷上

七

殷虚書契後編卷上

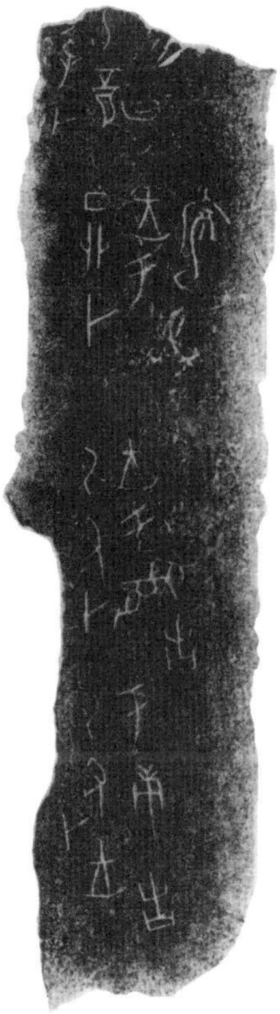

九

殷虚書契後編卷上

十一

殷虛書契後編卷上

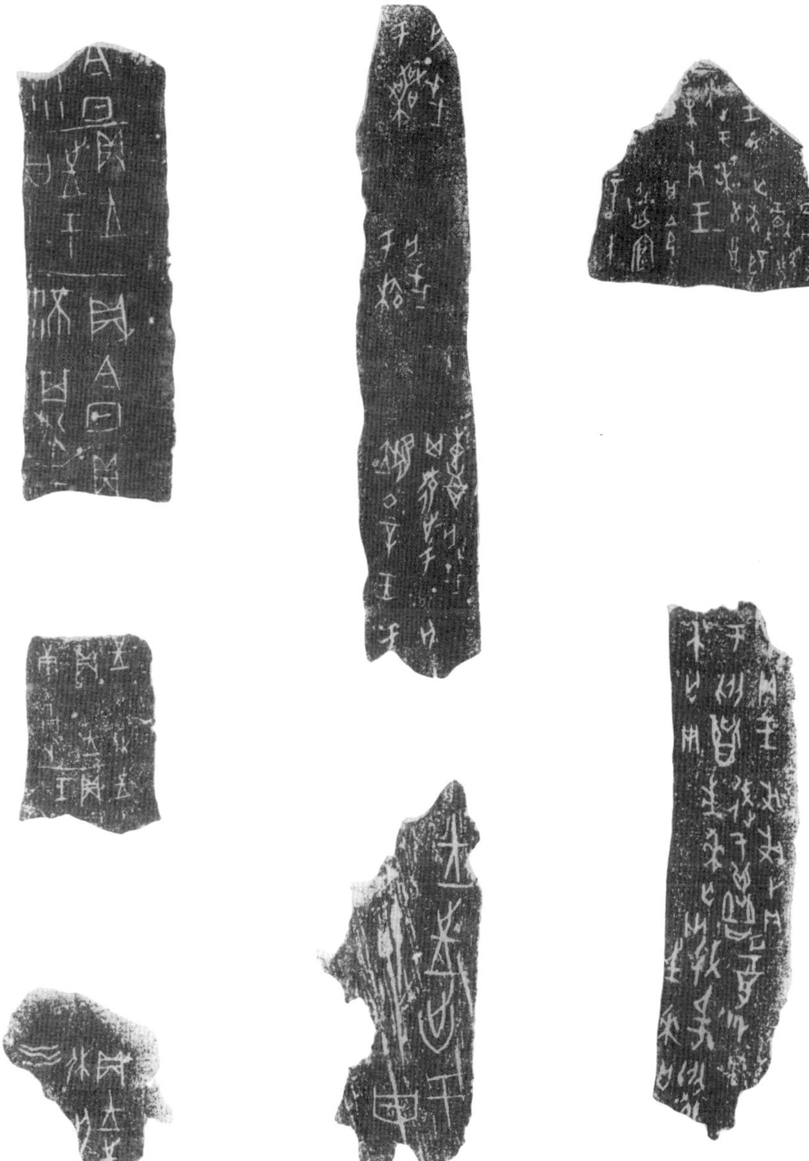

殷虚書契後編卷上

十二

殷虛書契後編卷上

十三

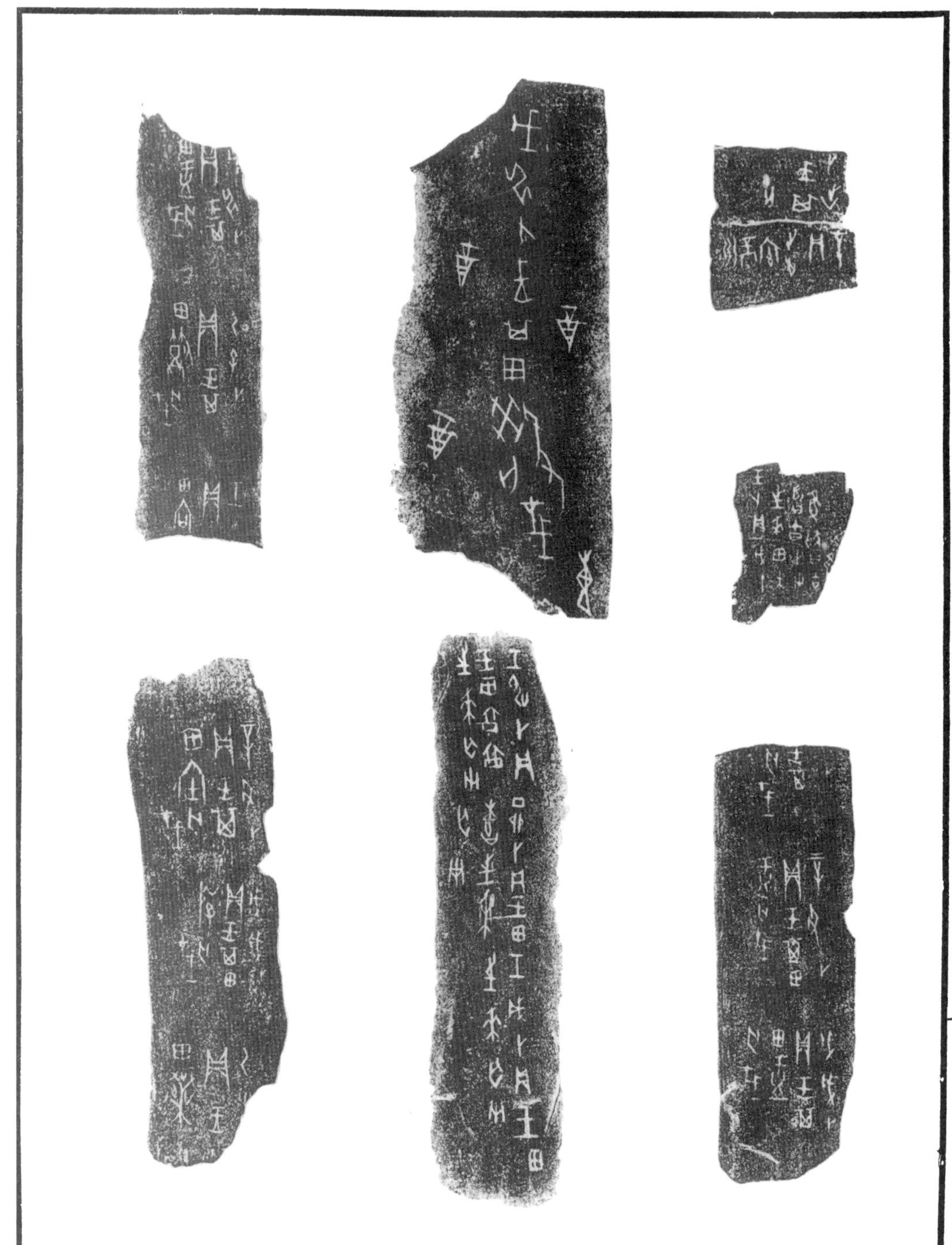

殷虛書契後編卷上

十四

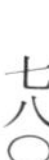

殷虚書契後編卷上

十五

殷虛書契後編卷上

十六

殷虛書契後編卷上

十七

殷虛書契後編卷上

十八

殷虛書契後編卷上

十九

殷虛書契後編卷上

二十

殷虚書契後編卷上

殷虛書契後編卷上

二十二

殷虛書契後編卷上

二十三

殷虚書契後編卷上

二十四

殷虚書契後編卷上

二十五

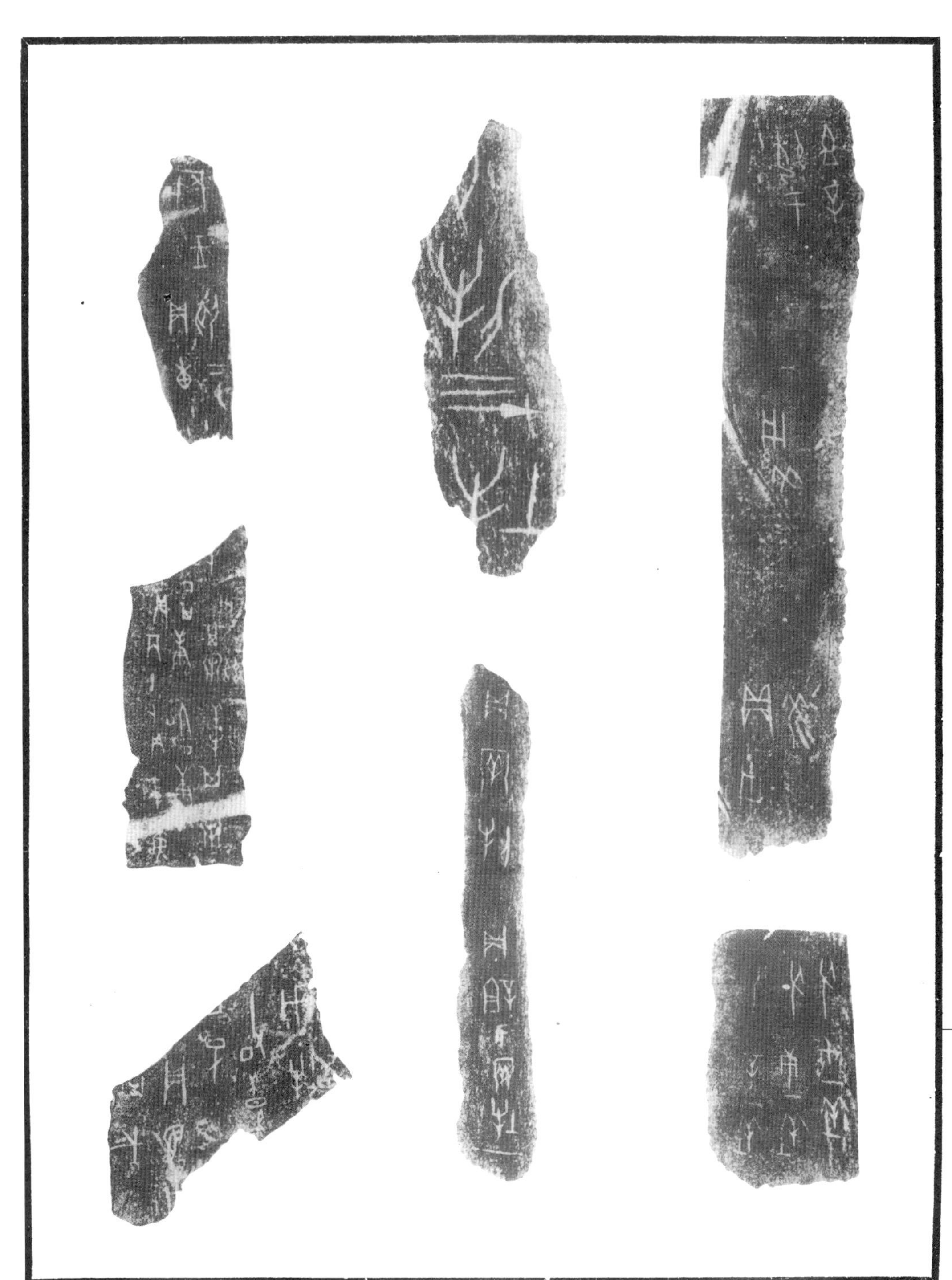

殷虛書契後編卷上

二十七

殷虛書契後編卷上

二十八

殷虚書契後編卷上

二十九

殷虛書契後編卷上

殷虛書契後編卷上

三十一

殷虛書契後編卷上

三十二

殷虛書契後編卷上

殷虚書契後編卷下

上虞羅振玉類次

集古遺文第一

殷虚書契後編卷下

一

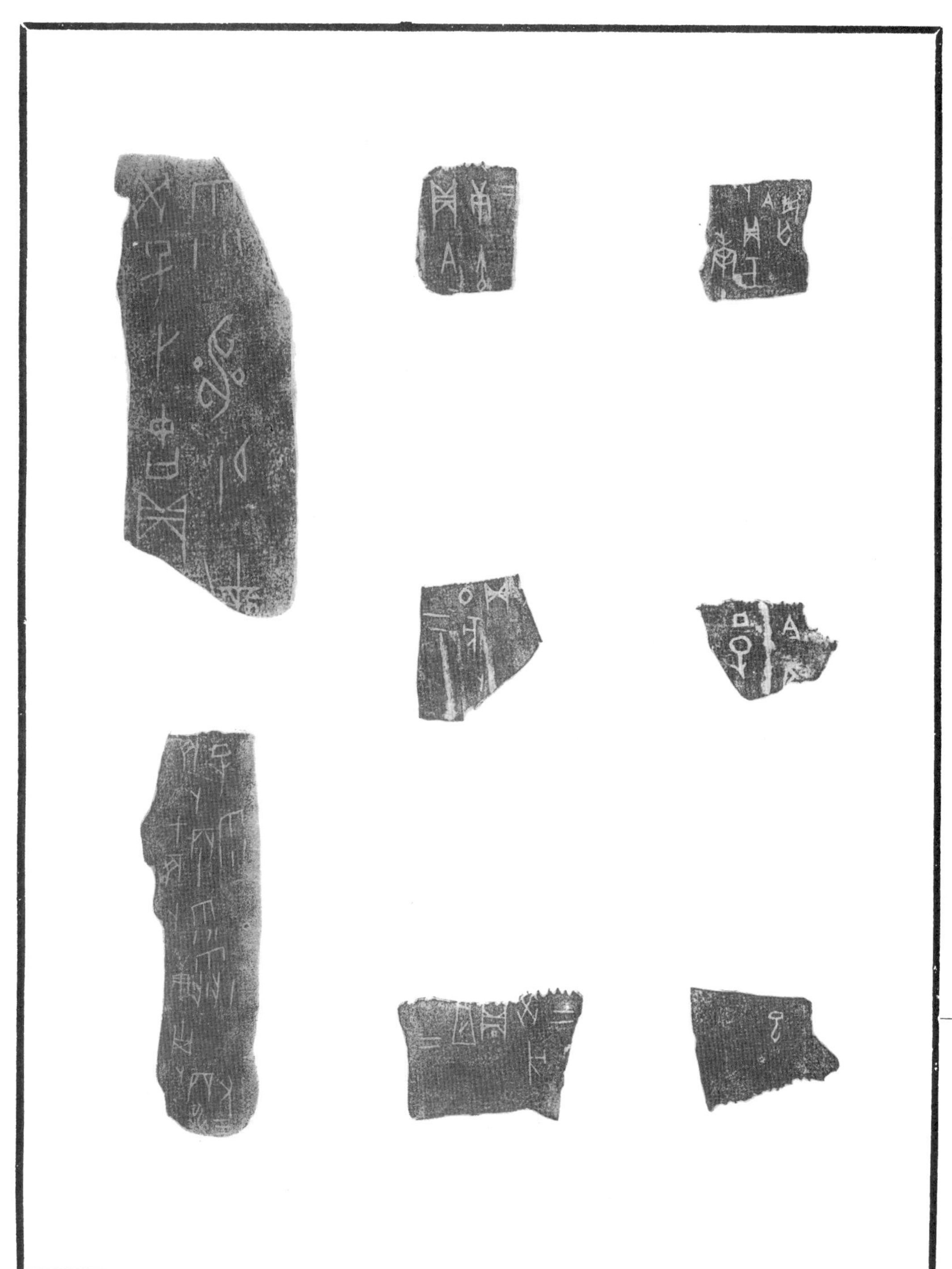

殷虚書契後編卷下

三

殷虚書契後編卷下

四

殷虛書契後編卷下

五

殷虚書契後編卷下

六

殷虚書契後編卷下

七

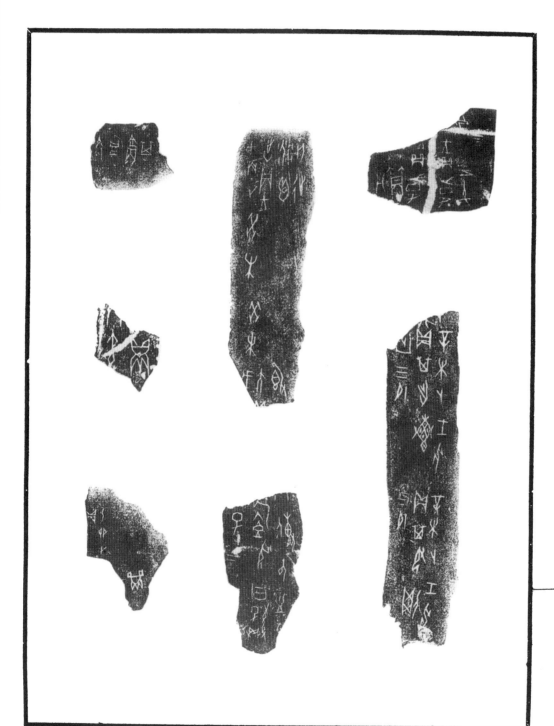

殷虚書契後編卷下

八

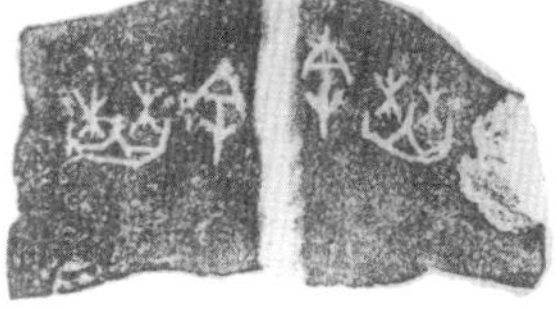

殷虚書契後編卷下

十

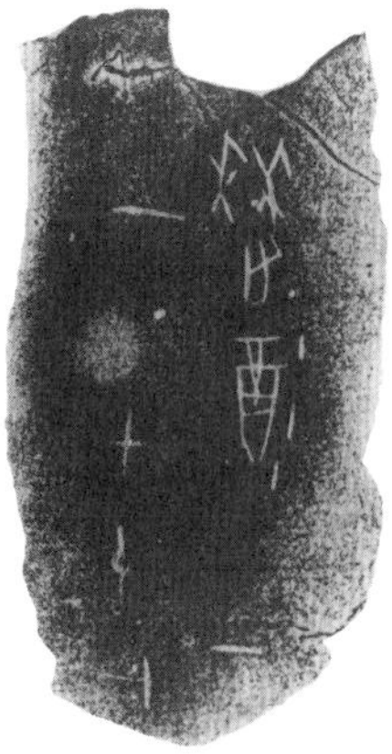

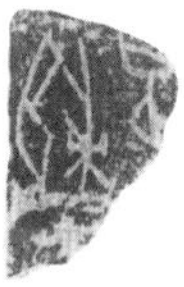

殷虛書契後編卷下

十一

殷虛書契後編卷下

十二

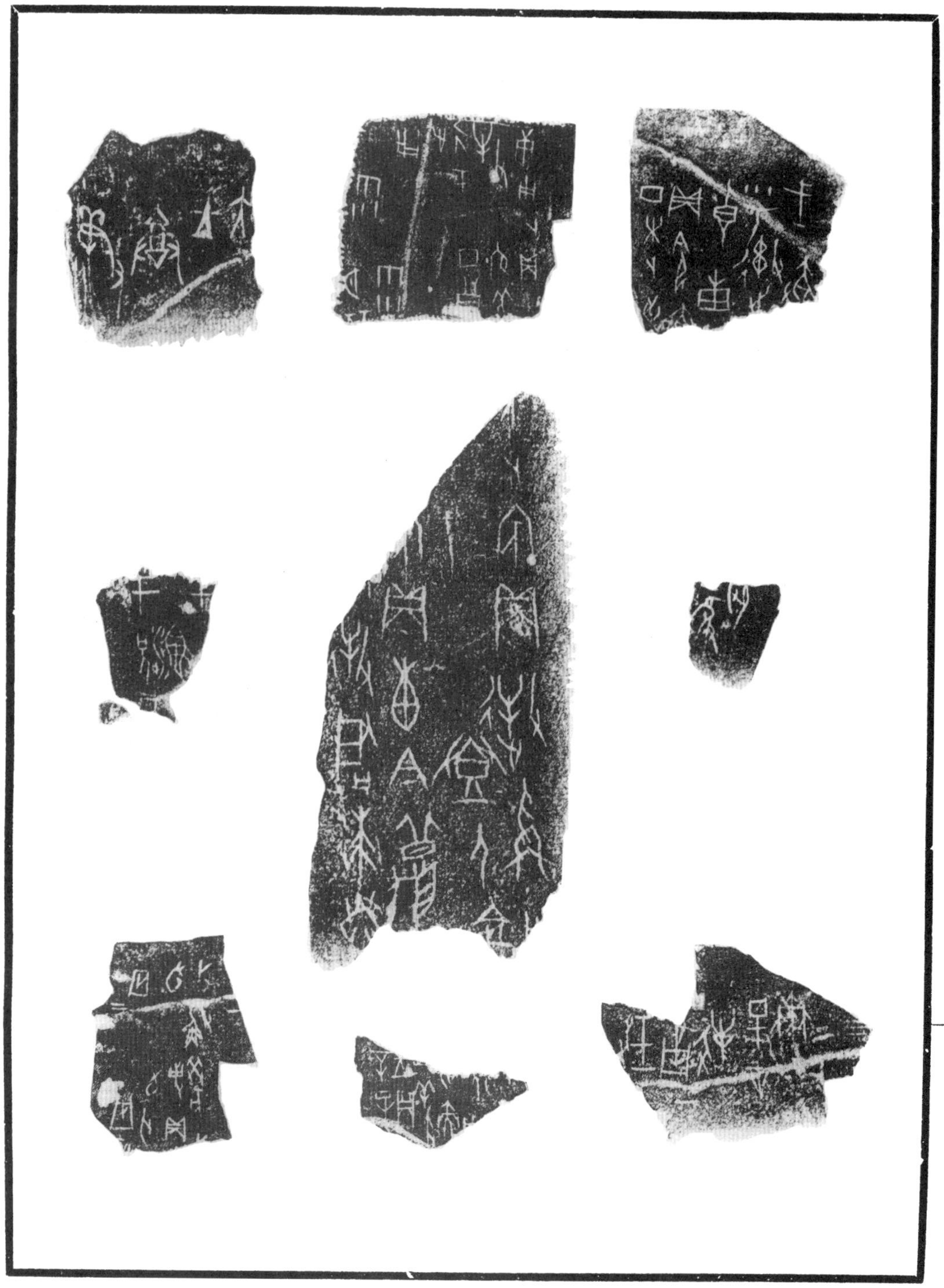

殷虚書契後編卷下

十三

殷虚書契後編卷下

十四

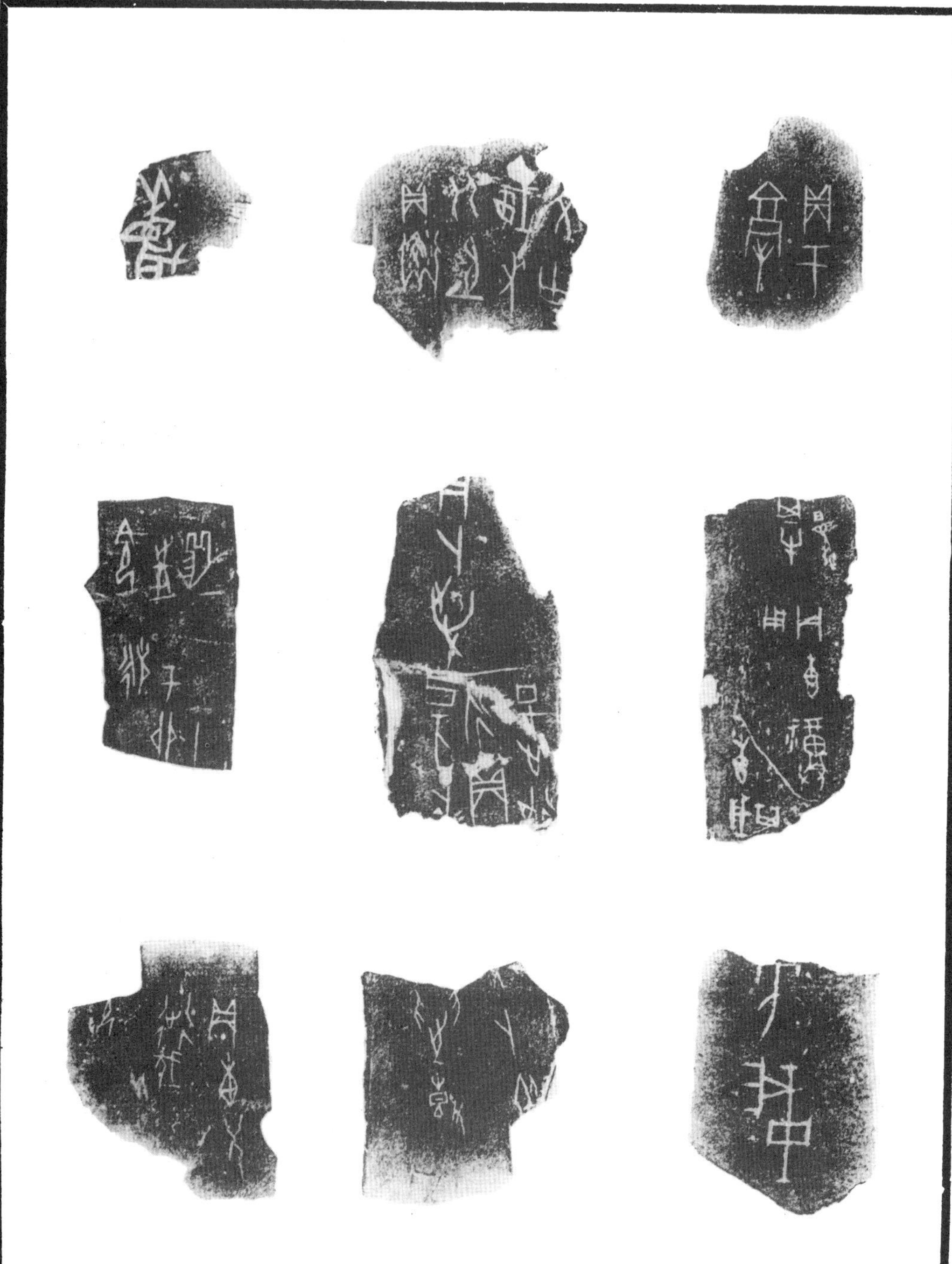

殷虚書契後編卷下

十五

殷虚書契後編卷下

十六

殷虛書契後編卷下

十七

殷虚書契後編卷下

十八

殷虚書契後編卷下

十九

殷虚書契後編卷下

二十

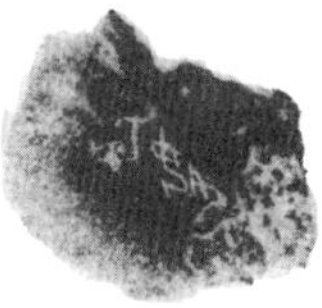

殷虛書契後編卷下

二十一

殷虚書契後編卷下

二十二

殷虚書契後編卷下

二十三

殷虚書契後編卷下

二十四

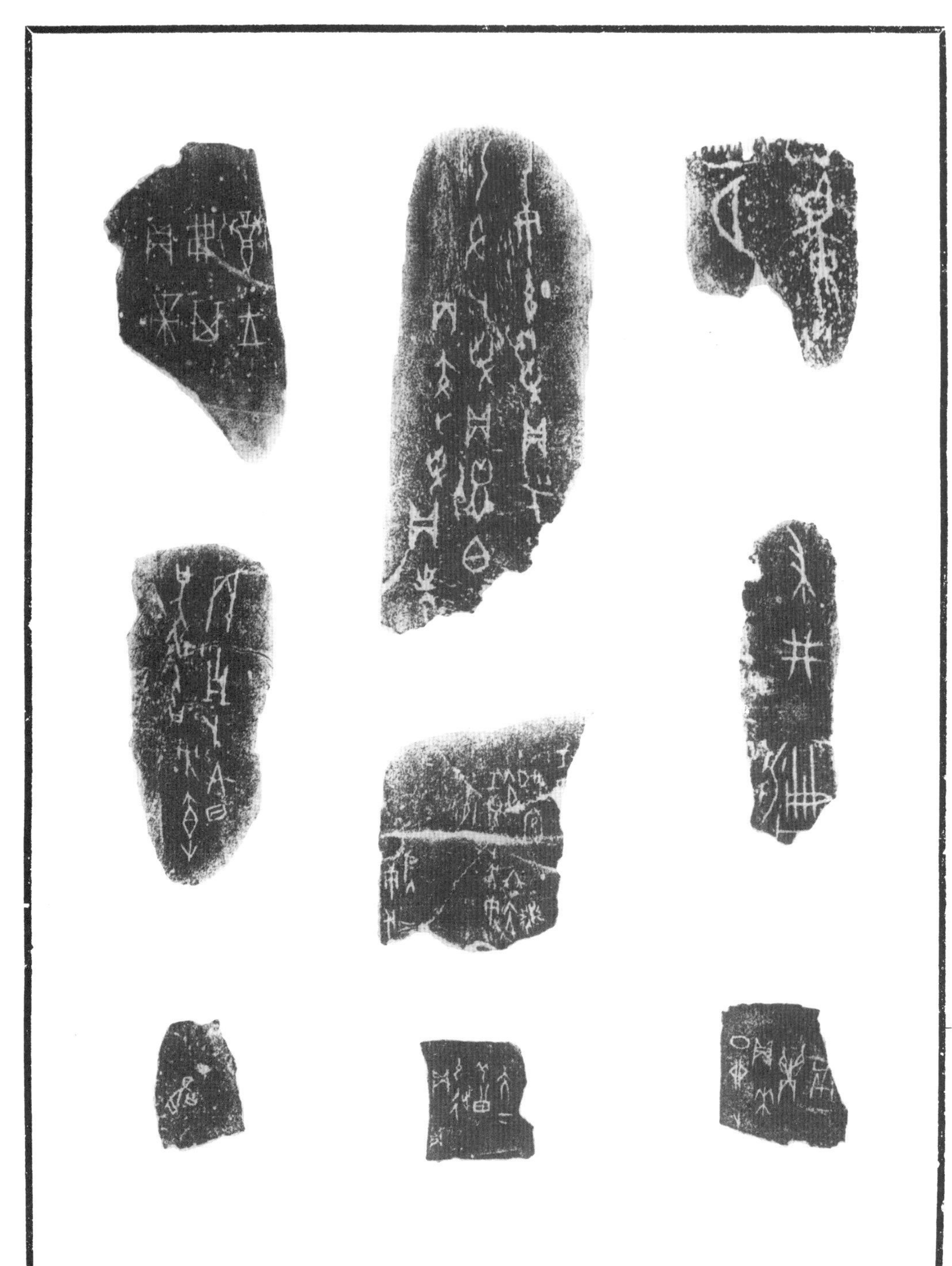

殷虚書契後編卷下

二十五

殷虚書契後編卷下

二十六

殷虛書契後編卷下

二十七

殷虛書契後編卷下

二十八

殷虛書契後編卷下

二十九

殷虛書契後編卷下

三十一

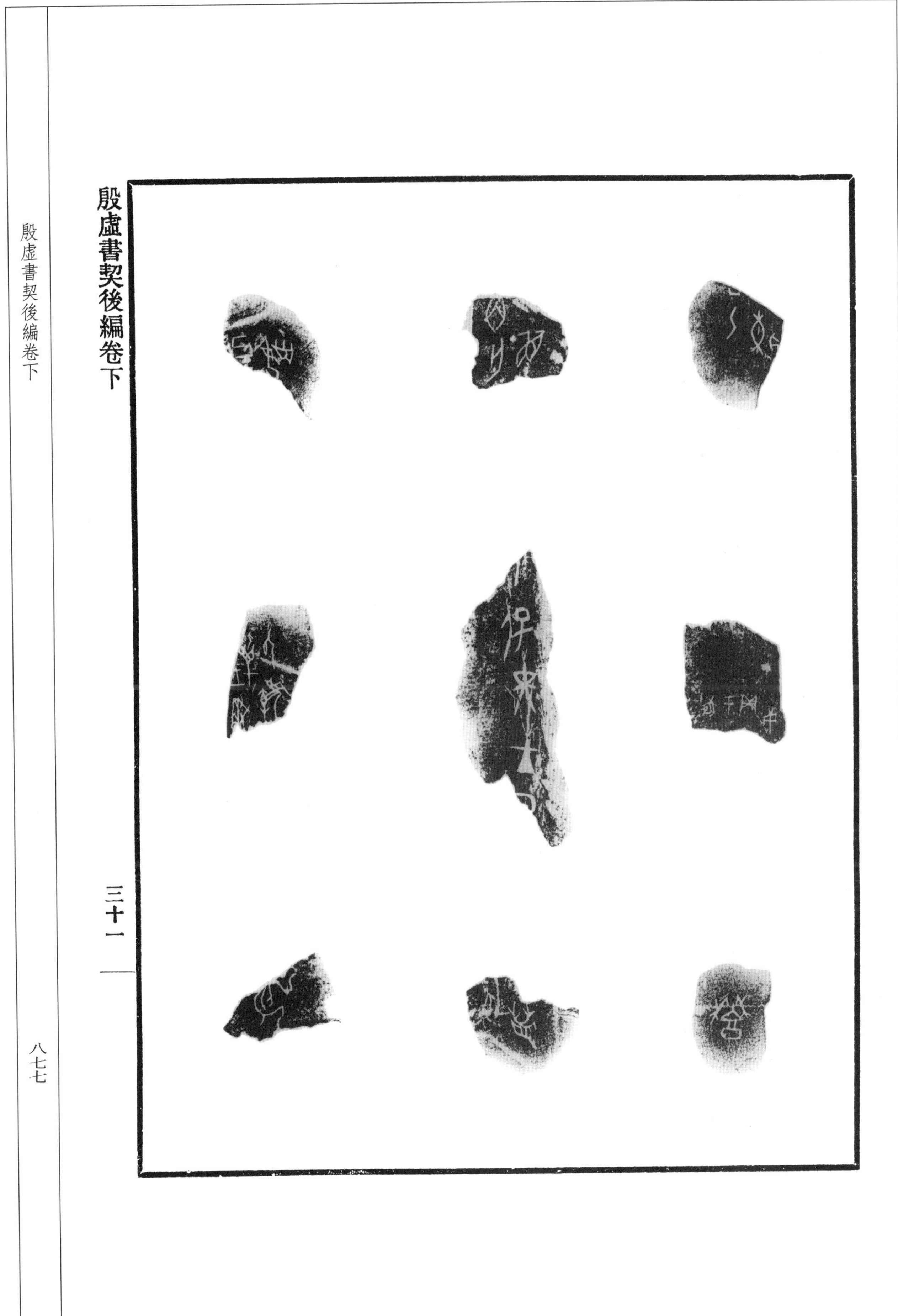
殷虛書契後編卷下
三十一

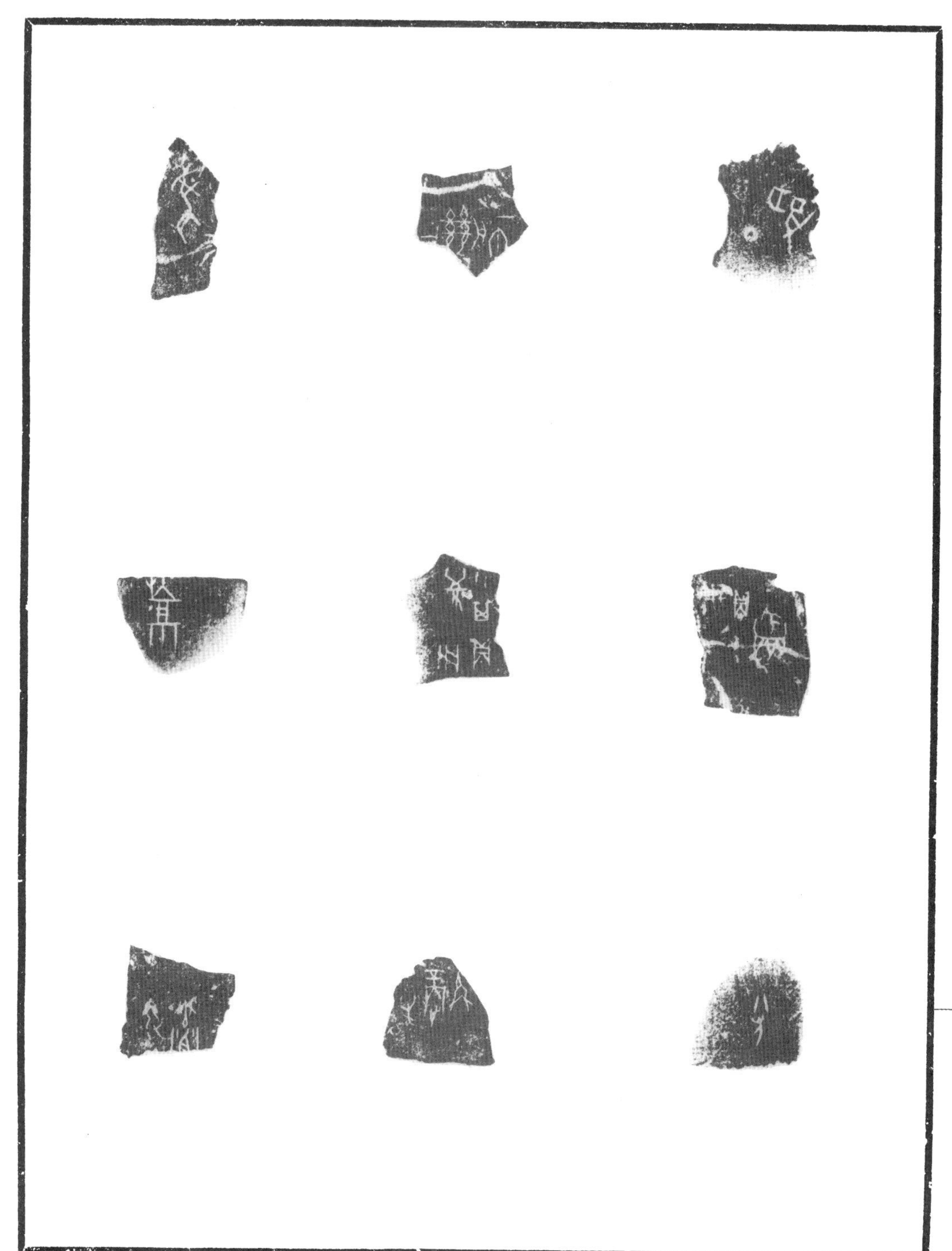

殷虚書契後編卷下

三十二

殷虛書契後編卷下

三十四

殷虚書契後編卷下

三十五

殷虛書契後編卷下

三十六

殷虚書契後編卷下

殷虛書契後編卷下

三十八

殷虛書契後編卷下

三十九

殷虛書契後編卷下

四十

殷虛書契後編卷下

四十二

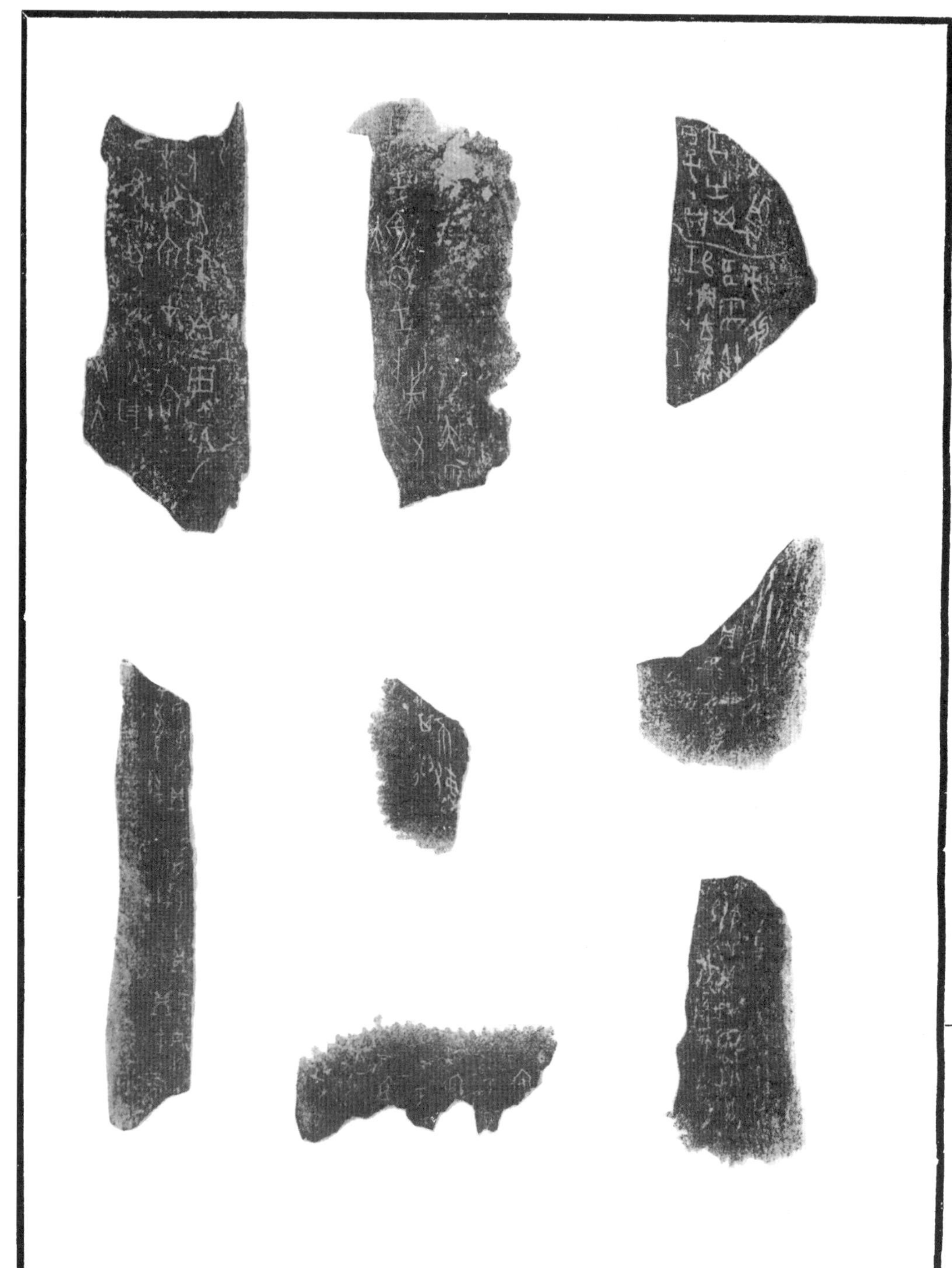

殷虚書契後編卷下

四十三

殷虚書契後編卷下

一

殷虚書契續編

殷虚書契續編

癸酉春日

寶熙

自光緒己亥殷商貞卜遺文出于洹水之故虛越歲辛丑予就丹徒劉氏所藏編印爲鐵雲藏龜此爲殷虛遺文傳世之始又十年辛亥經國變避地海東其明年編殷虛書契前編八卷歲甲寅爲之考釋丙辰復編後編二卷皆就予篋衍所藏手施氊墨其海內諸家所藏不能得墨本蓋甲骨古脆得者珍惜不忍施墨懼損文字也然用是故予乃百計搆求十餘年間復得墨本約三千紙欲爲類次以續兩編顧返國居津門人事冗迫不如在海東之多暇致斯願久不克償比移居遼東每一展觀輒歎甲骨文字與古金石刻不同石刻可拓至數千百本古金文則視石刻墨本傳世者千百之一二而已若甲骨文則施墨者不過二三本其墨本可寶不殊實物倘不精印以傳而聽其澌滅憾孰甚焉反是將墨

本付精印化一為倍蓰什佰快又孰甚焉每欲發憤編次卒阻于人事匆匆又三四年邇來奔走道途之日一歲中恆過半失此不圖悔將無及乃以一月之力就此三千餘紙選三之二成書六卷往昔前後兩編約得三千餘紙合以此編總得五千餘紙雖不敢謂殷虛菁華悉萃于是然亦略備矣此二千紙中大半為丹徒劉氏天津王氏北京大學四明馬氏所藏其什之一則每見估人所售於千百中遴選一二而手拓以存之者至其中可備考證者將別為考釋其文字不可識者將別紙傳錄以補往者考釋及待問編之不備彼蒼者天其假我數年以卒成此志乎時癸酉仲春上虞羅振玉書于遼東寓居之殷禮在斯堂

殷虛書契續編卷一

上虞 羅振玉 類次

集古遺文第一

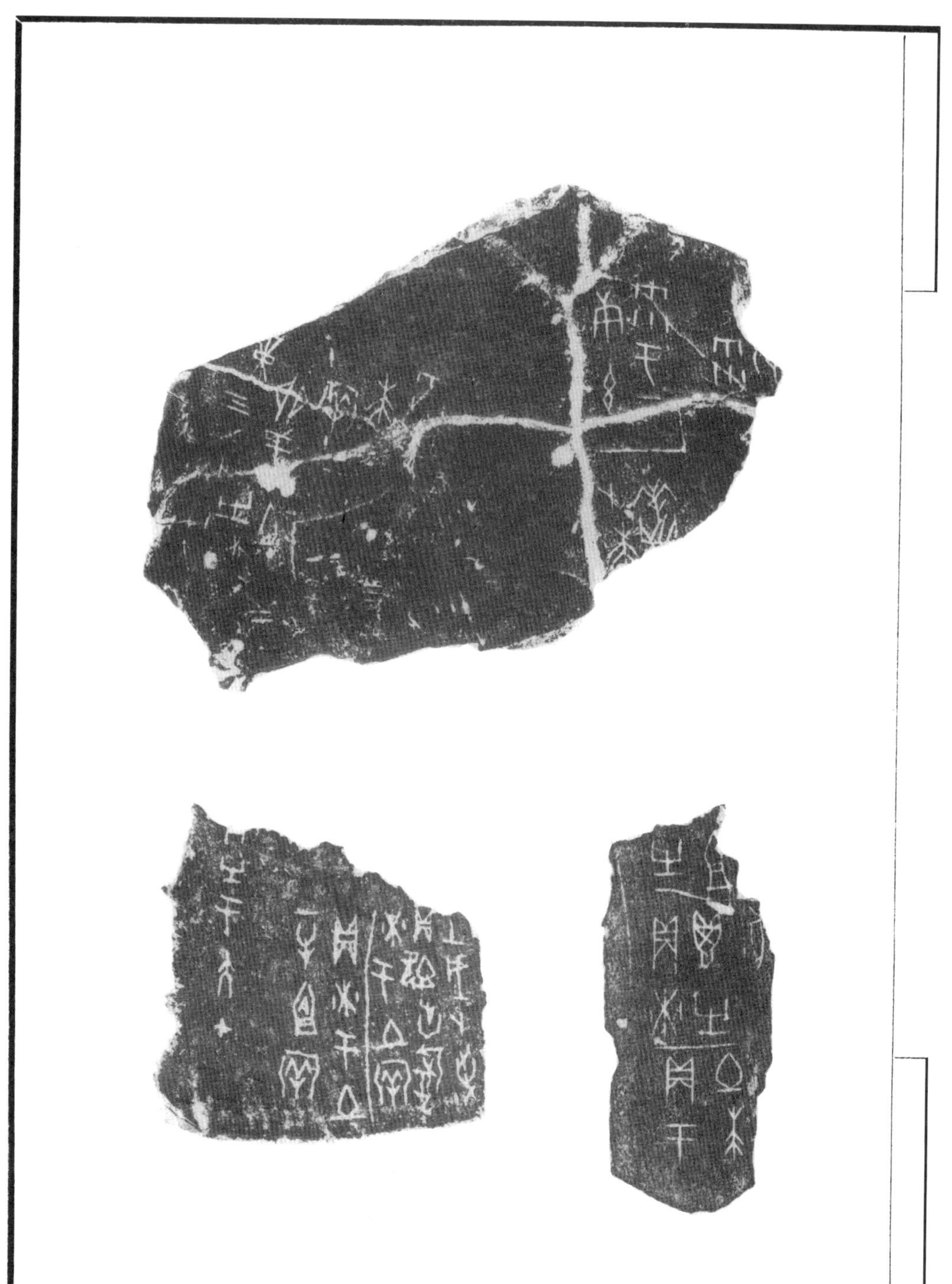

殷虛書契續編卷一

三

殷虛書契續編卷一

四

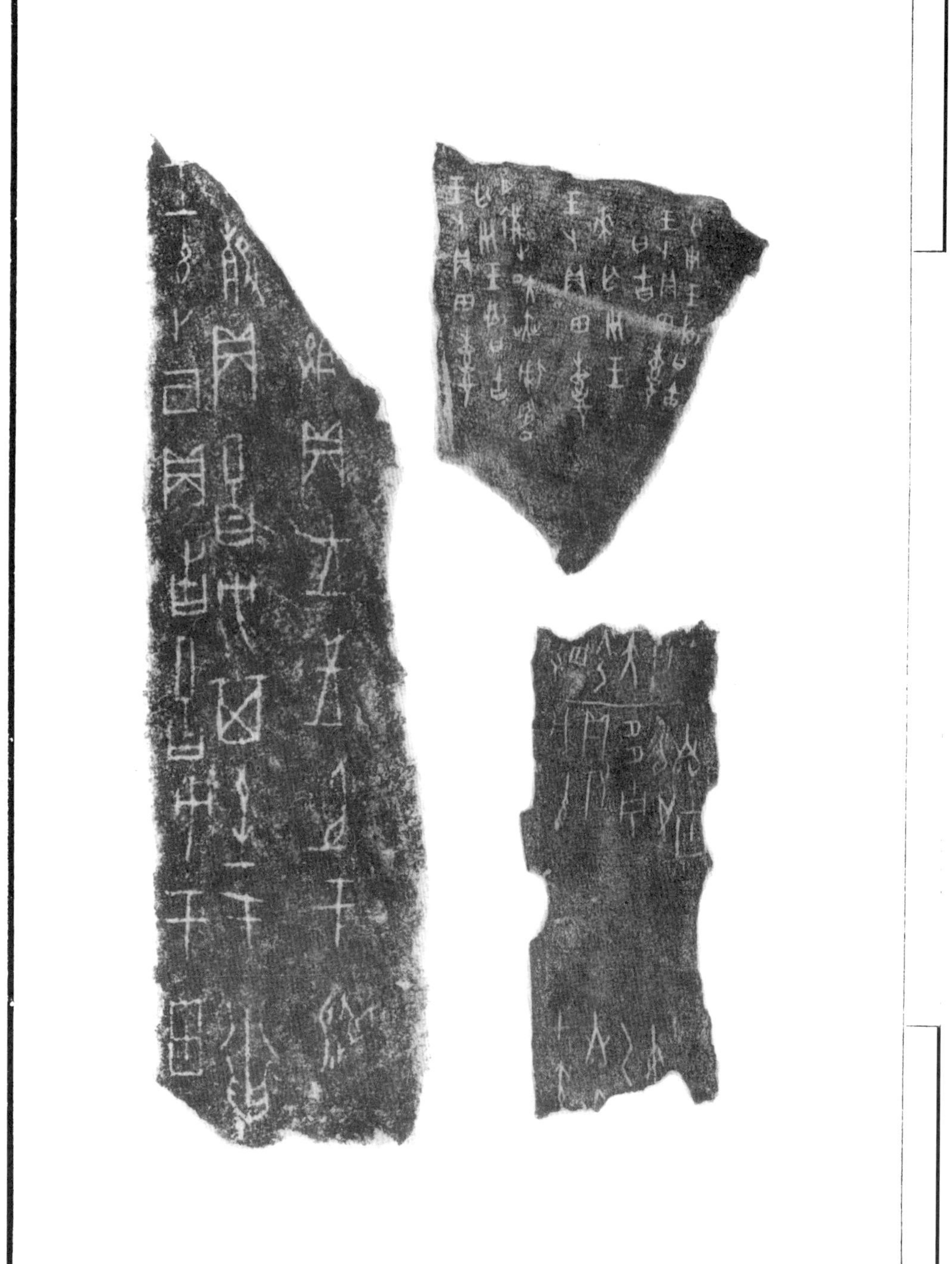

殷虛書契續編卷一

六

殷虛書契續編卷一

七

殷虚書契續編卷一

八

殷虛書契續編卷一

九

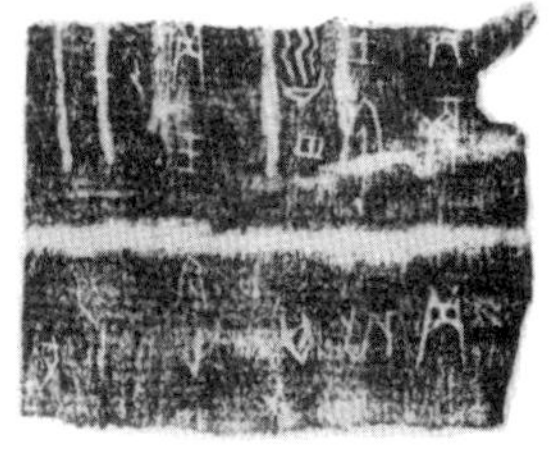

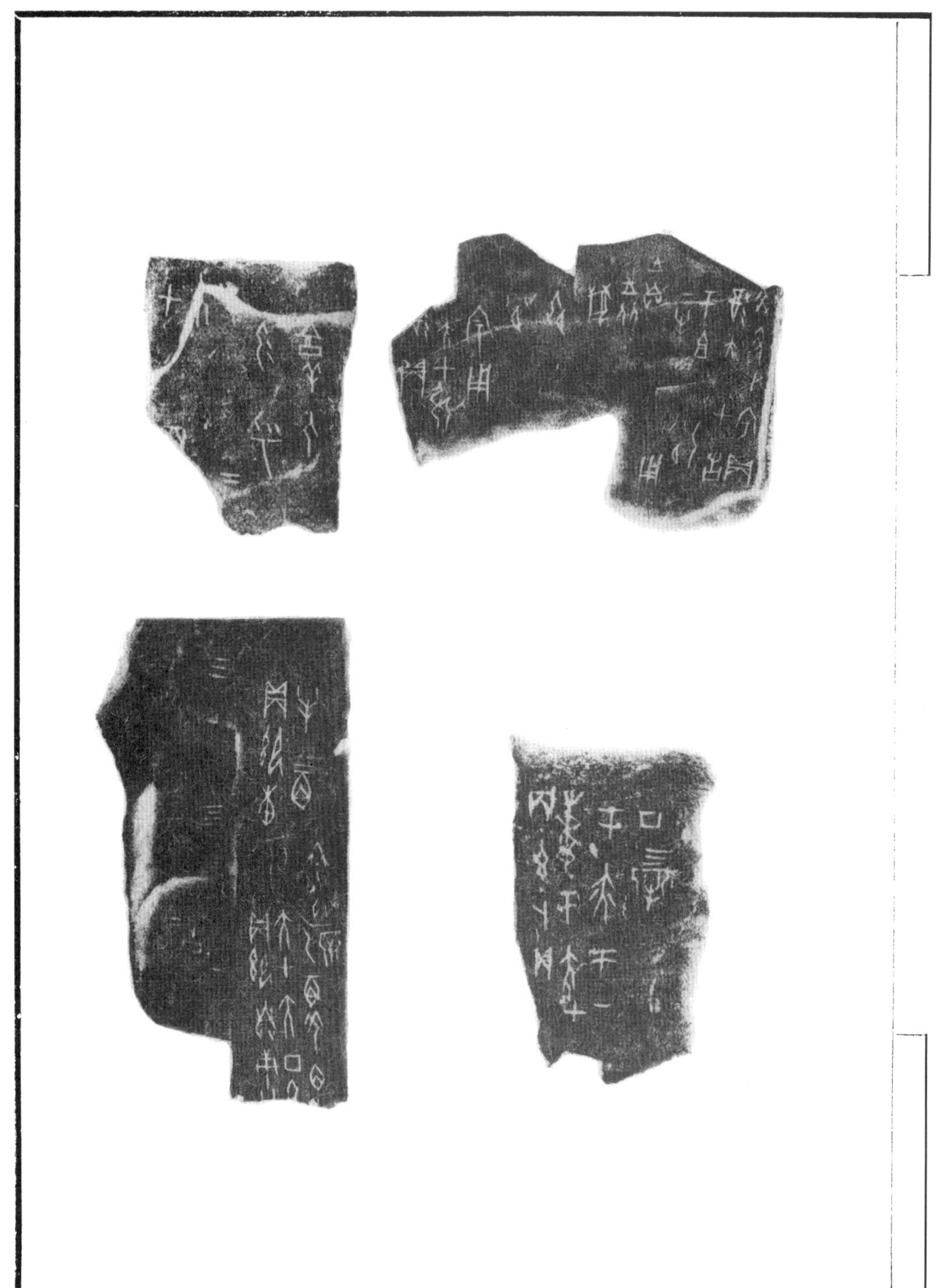

殷虛書契續編卷一

十二

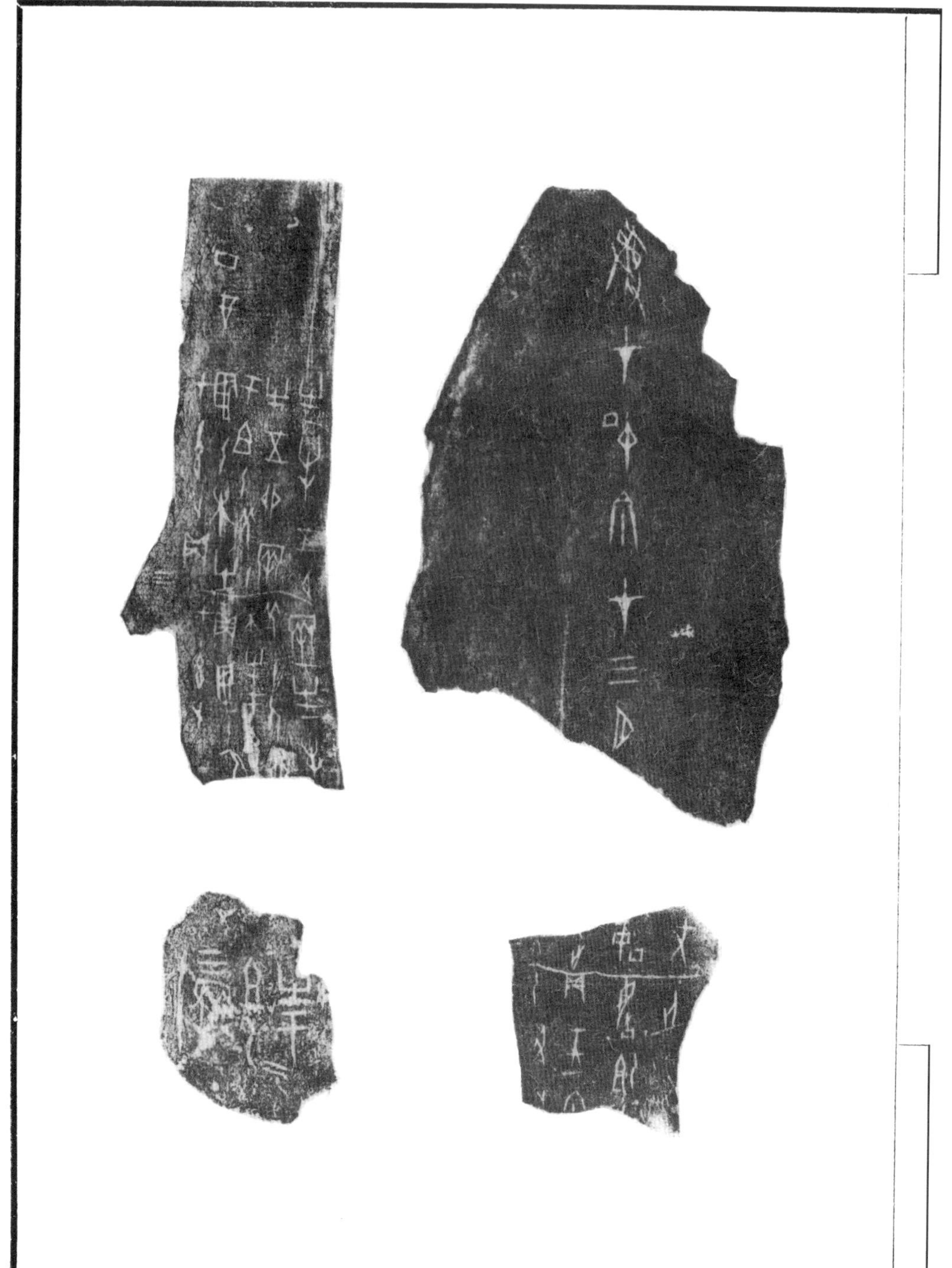

殷虛書契續編卷一

十三

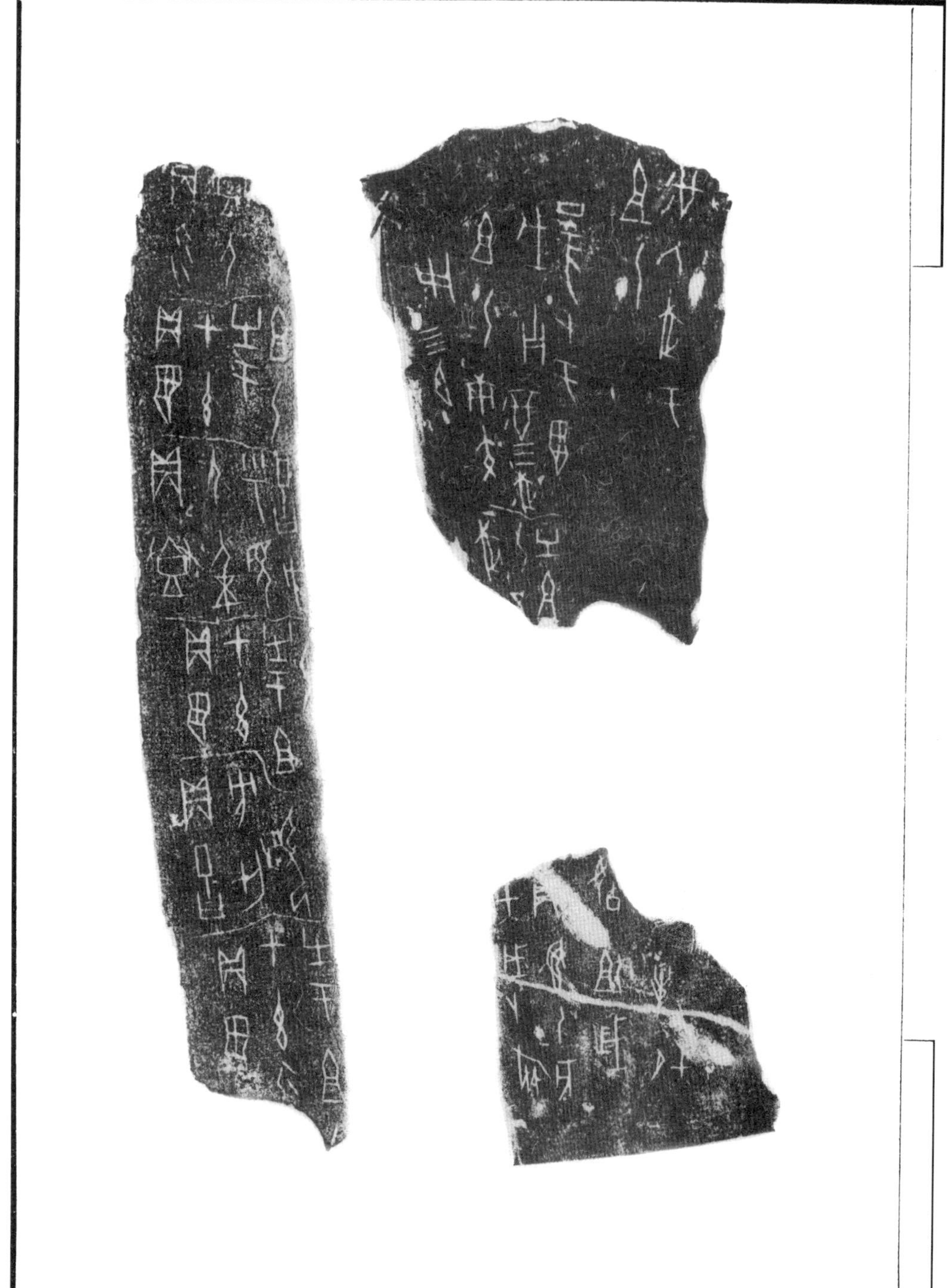

殷虚書契續編卷一

十四

殷虚書契續編卷一

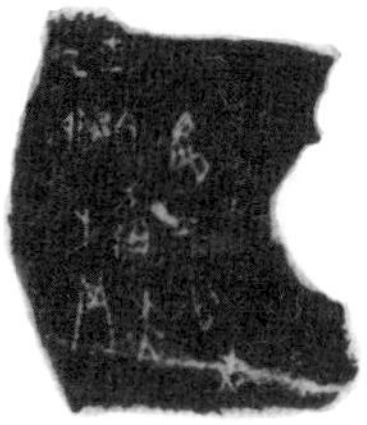

十五

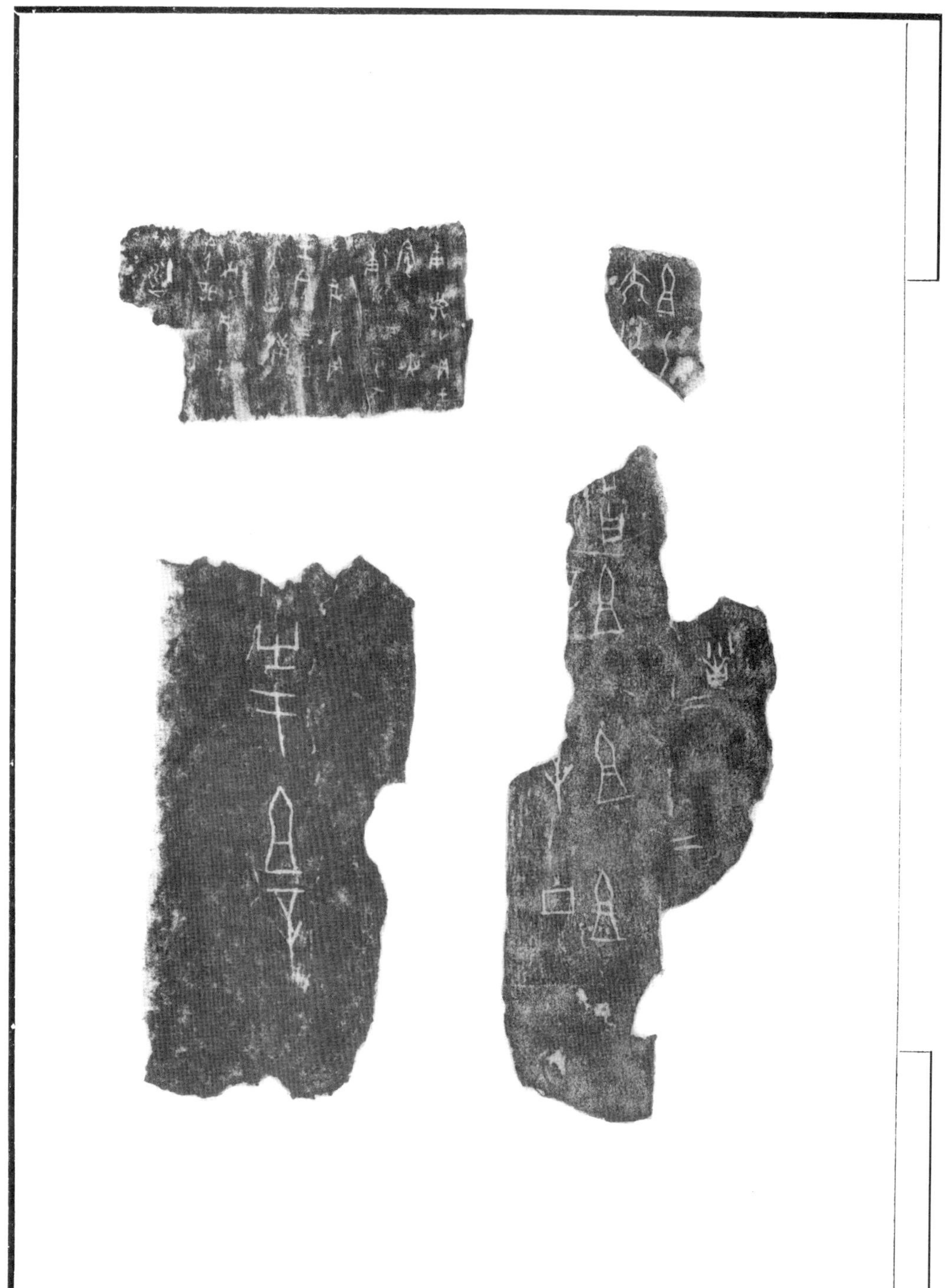

殷虛書契續編卷一

十八

殷虛書契續編卷一 十九

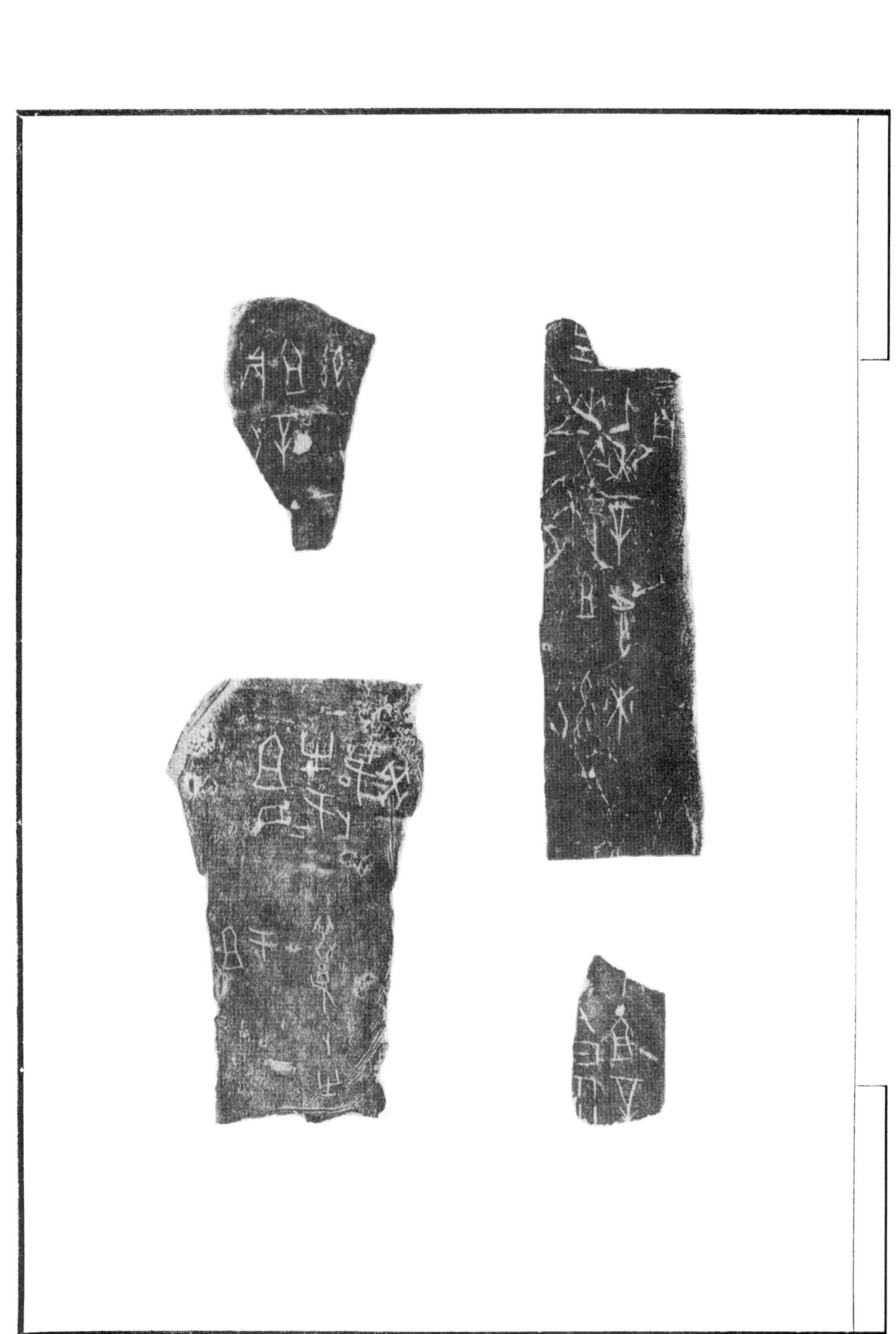

殷虚書契續編卷一

二十

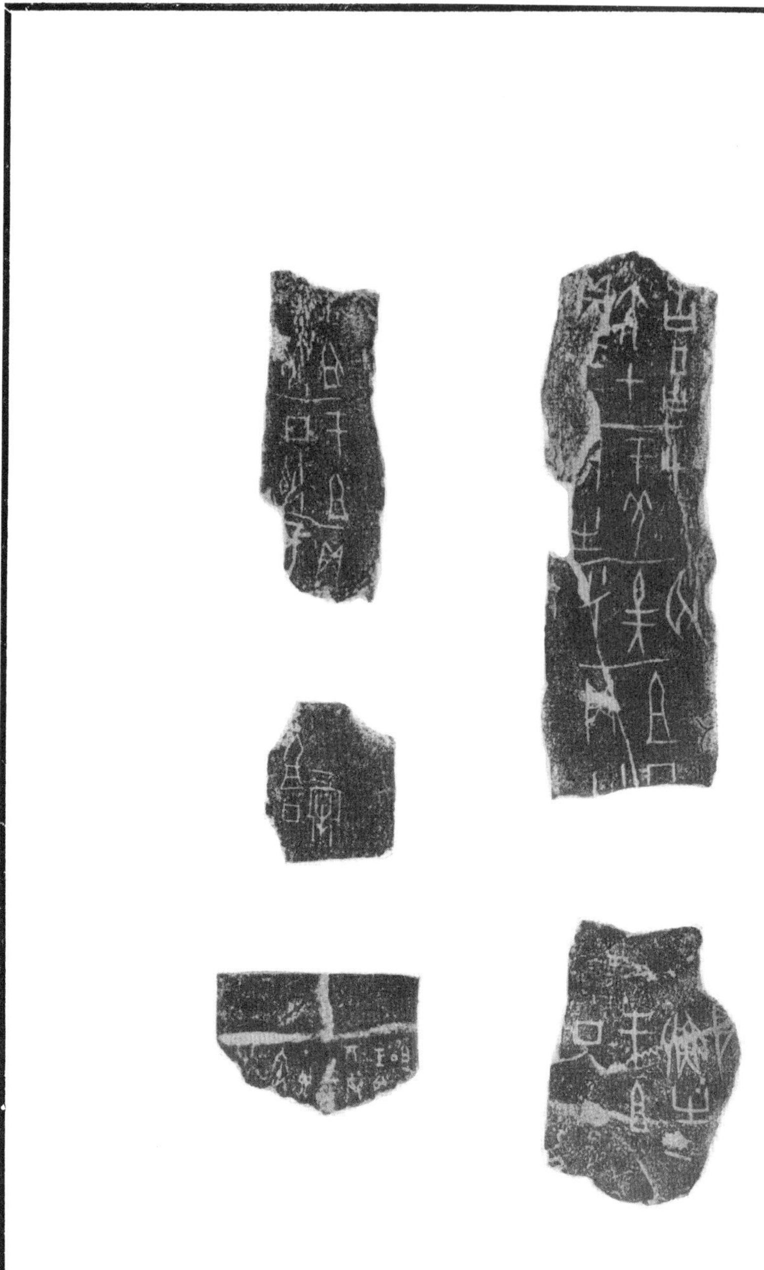

殷虛書契續編卷一

二十一

殷虚書契續編卷一

二十二

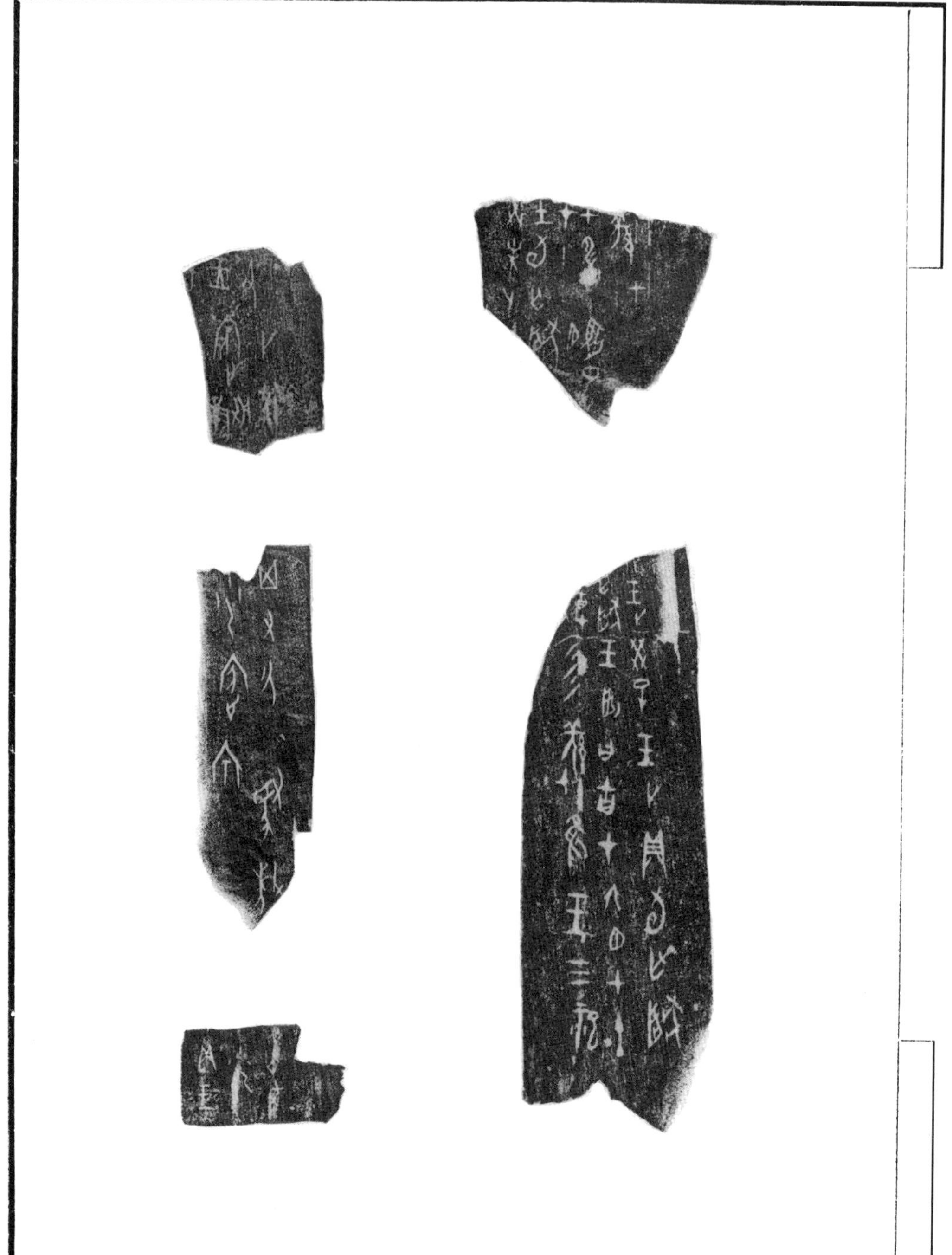

殷虛書契續編卷一

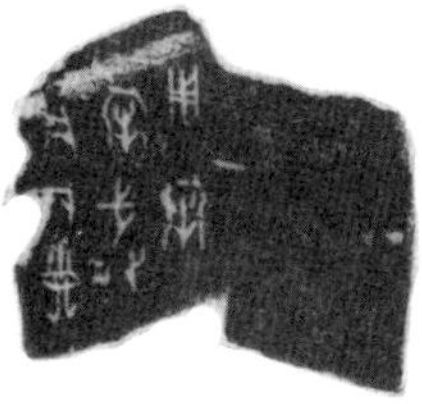

二十四

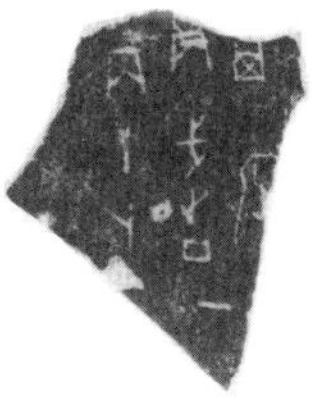

殷虚書契續編卷一

二十五

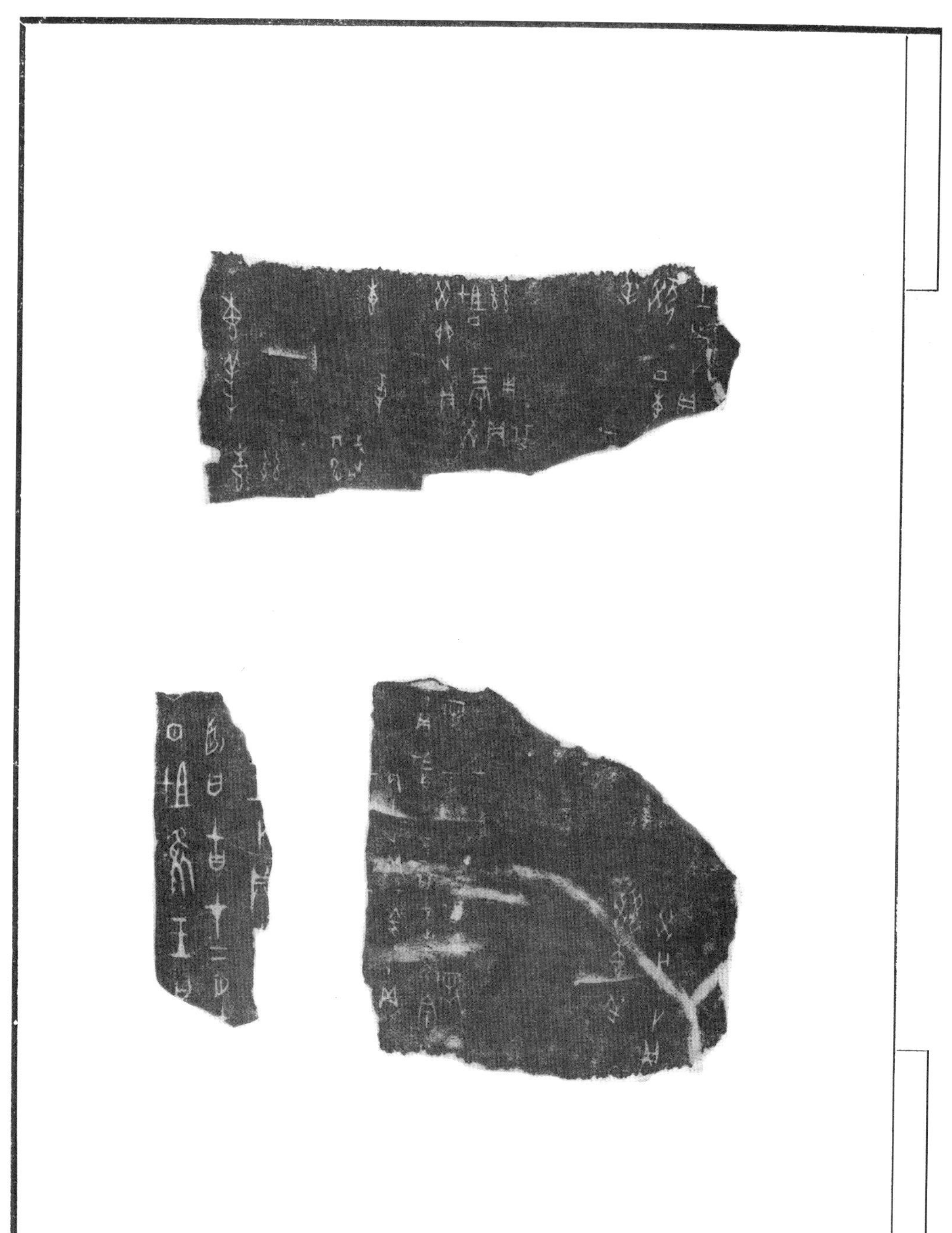

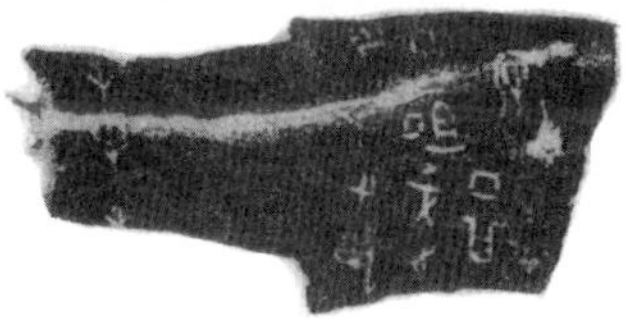

殷虚書契續編卷一　二十七

殷虚書契續編卷一

二十八

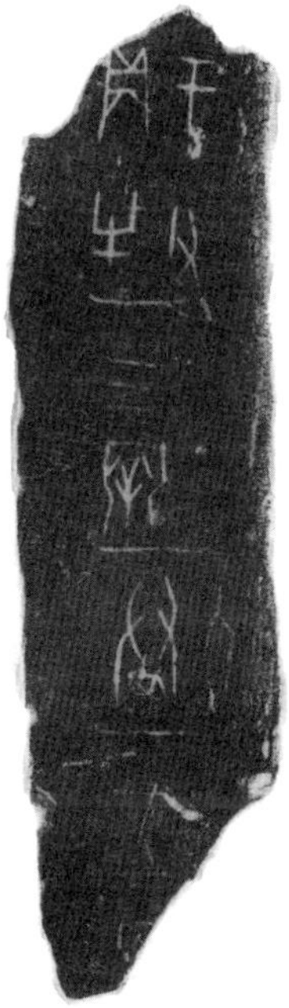

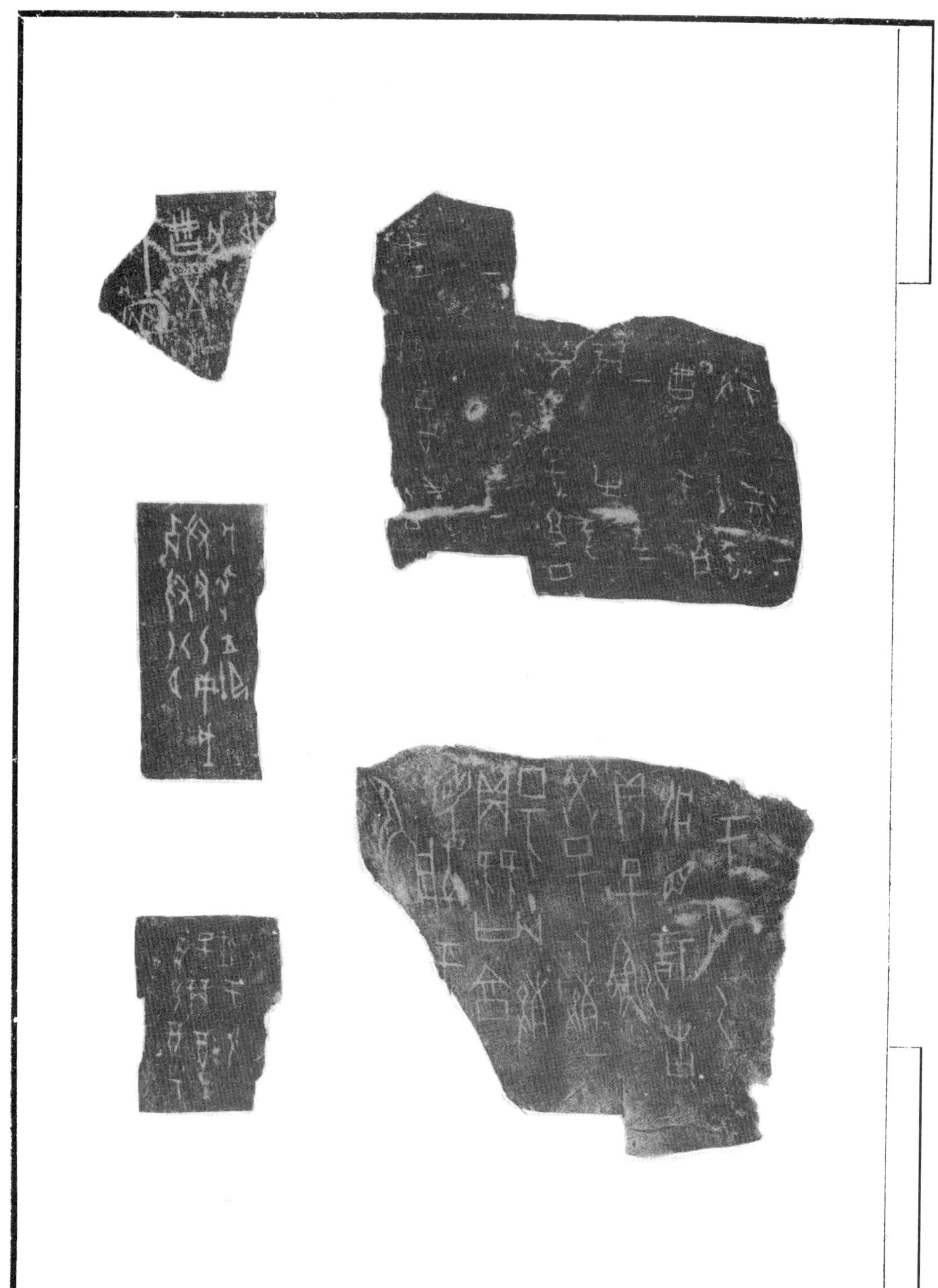

殷虛書契續編卷一

二十九

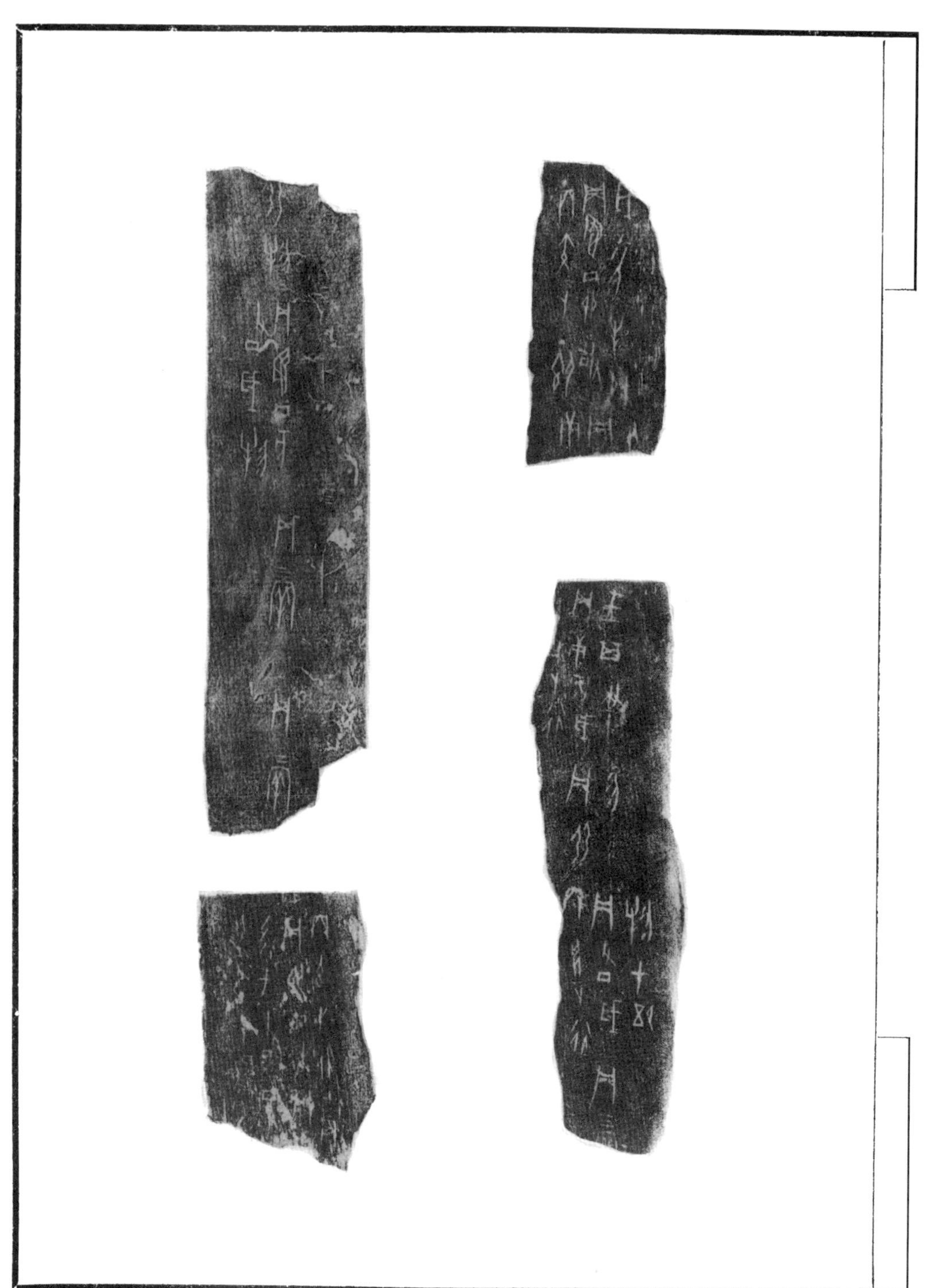

殷虚書契續編卷一

三十二

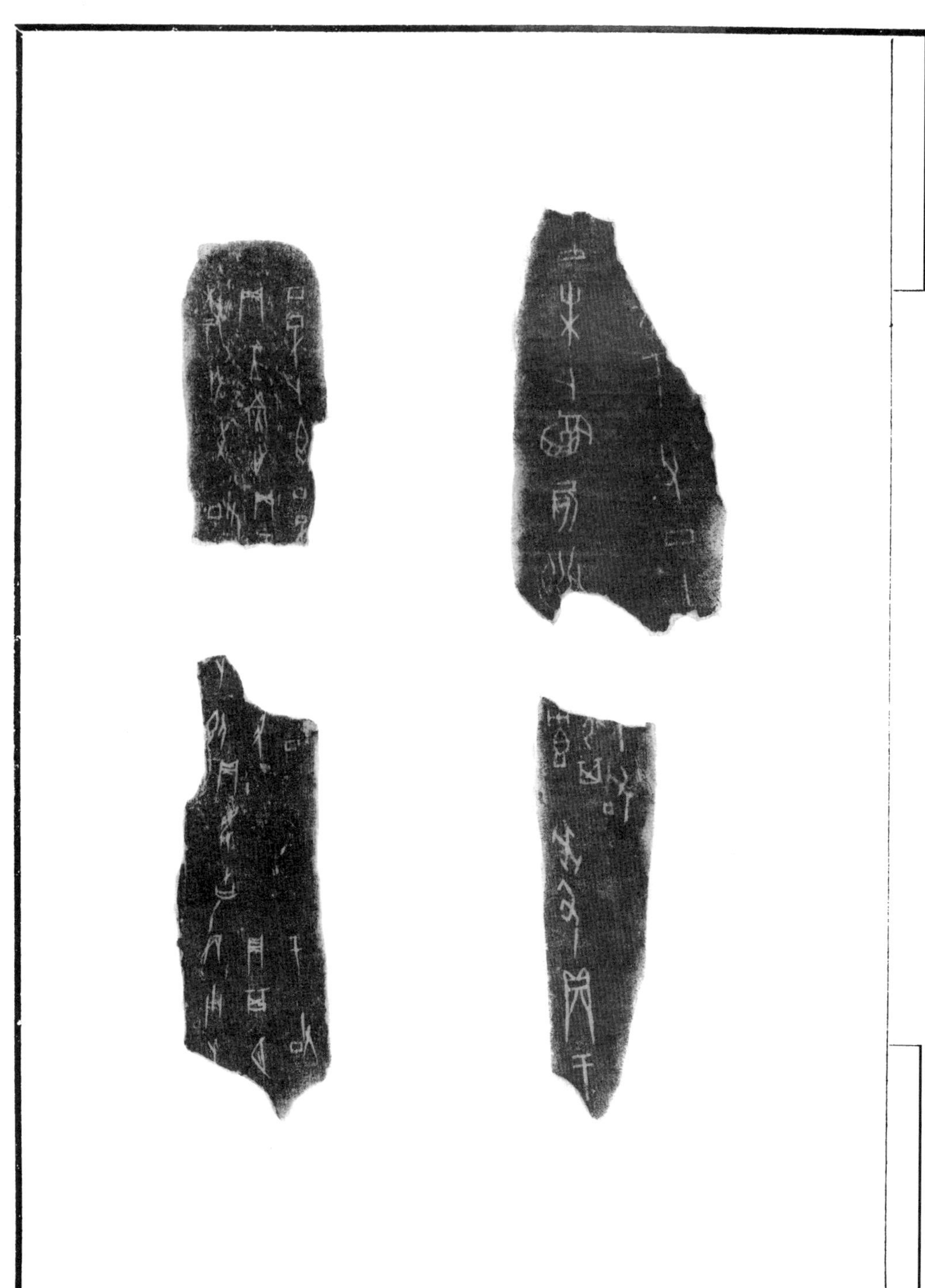

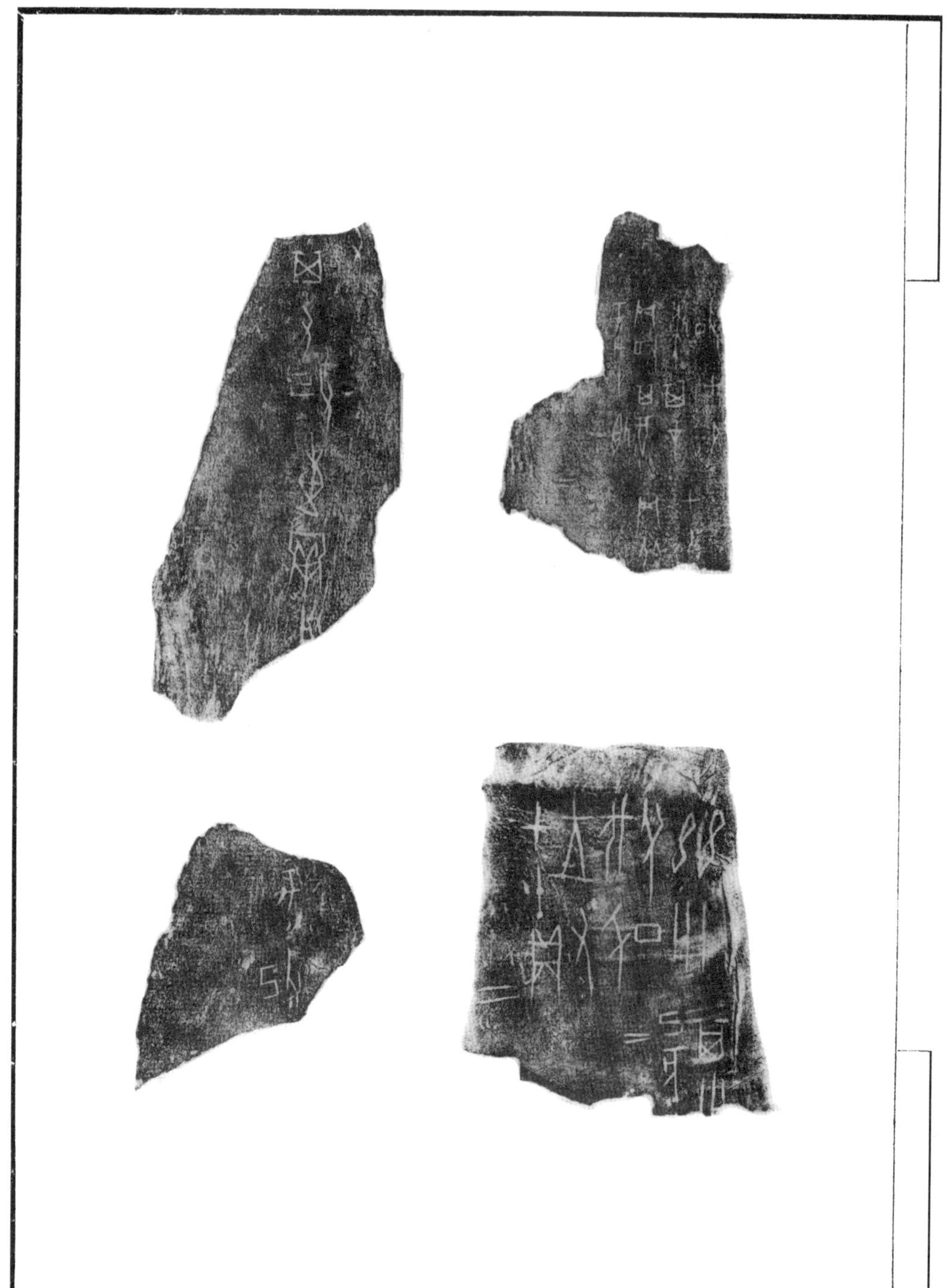

殷虚書契續編卷一

三十三

殷虛書契續編卷一

三十四

殷虛書契續編卷一

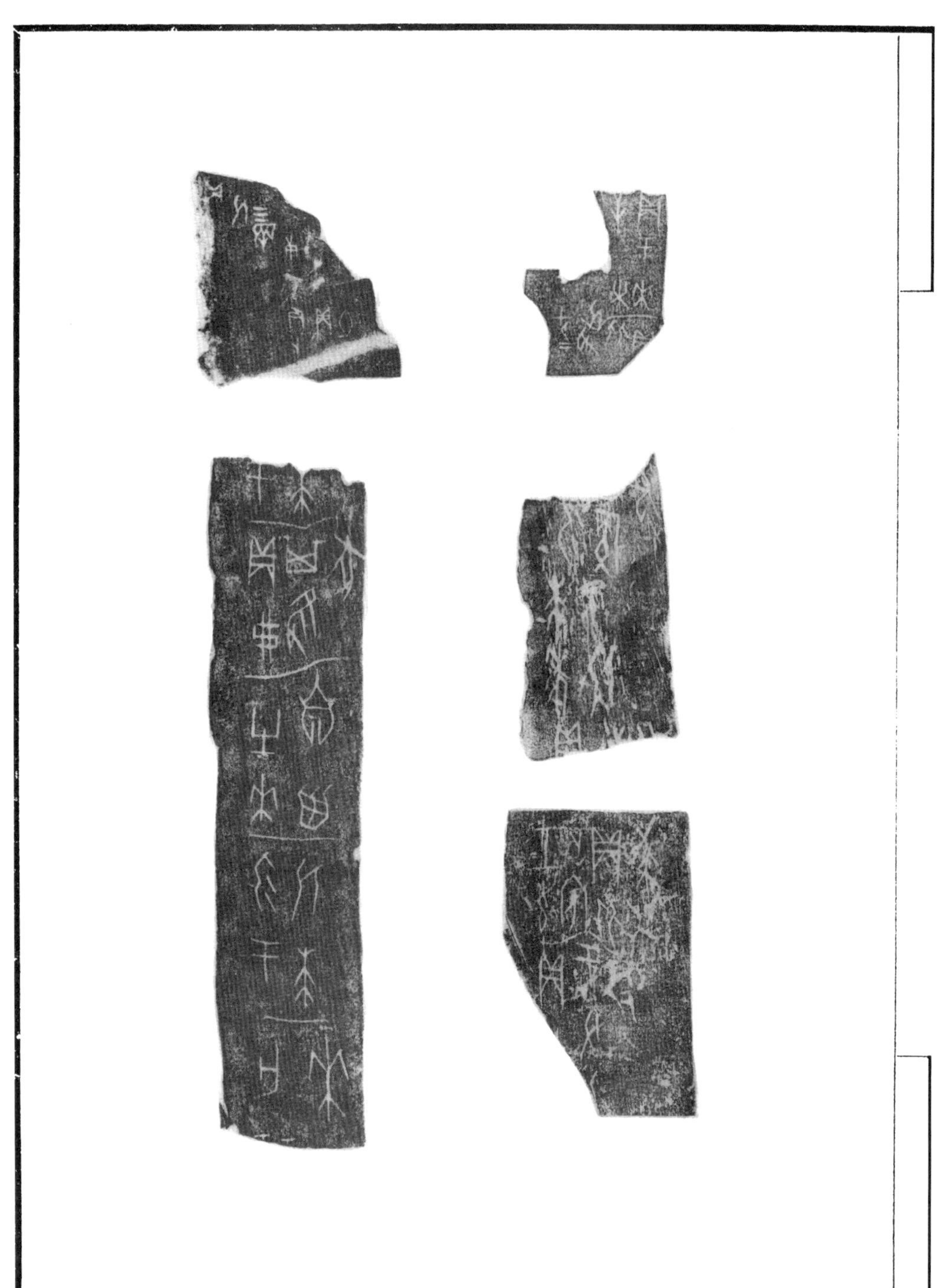

殷虛書契續編卷一

三十八

殷虛書契續編卷一

三十九

殷虛書契續編卷一

四十

殷虚書契續編卷一

四十一

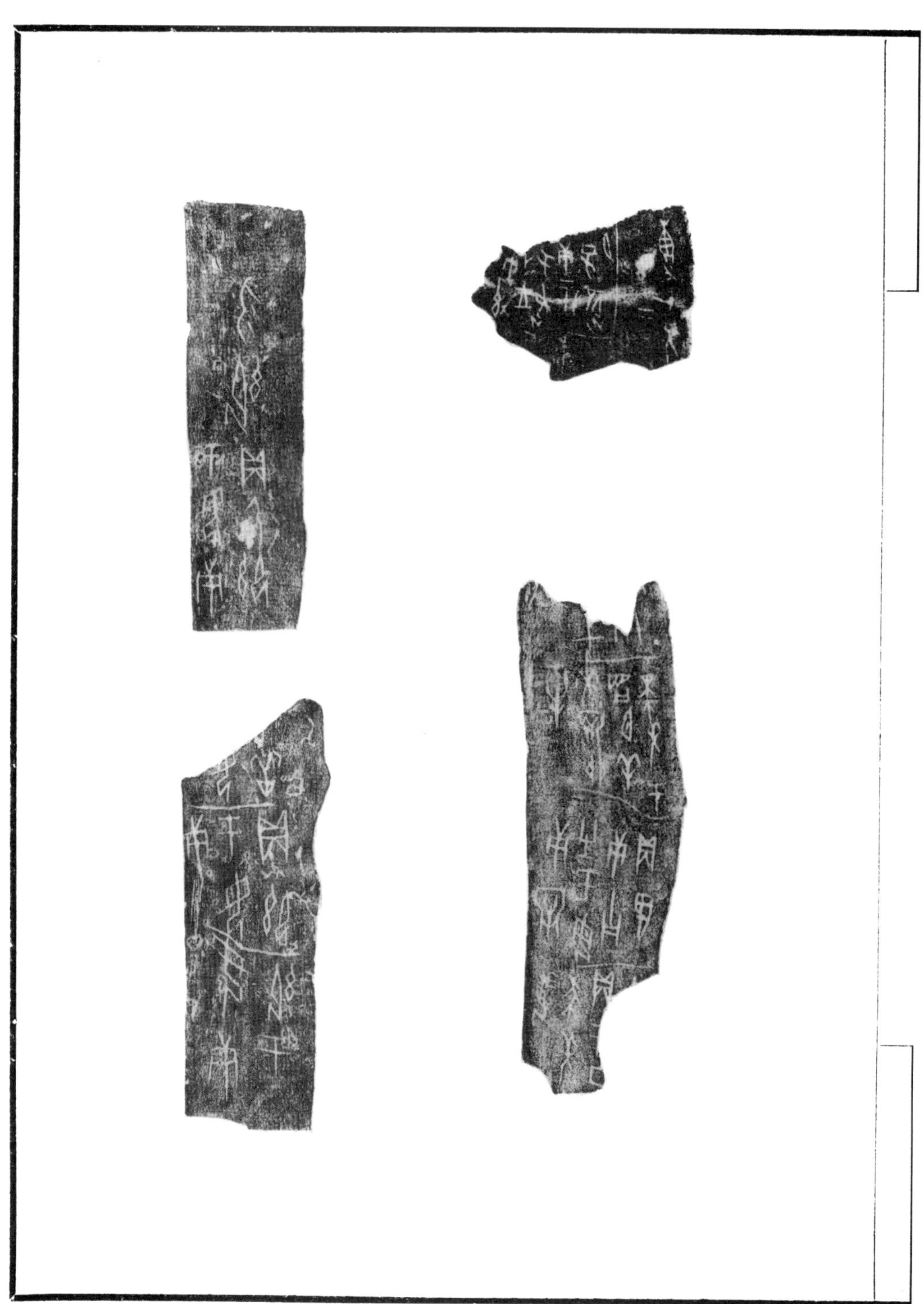

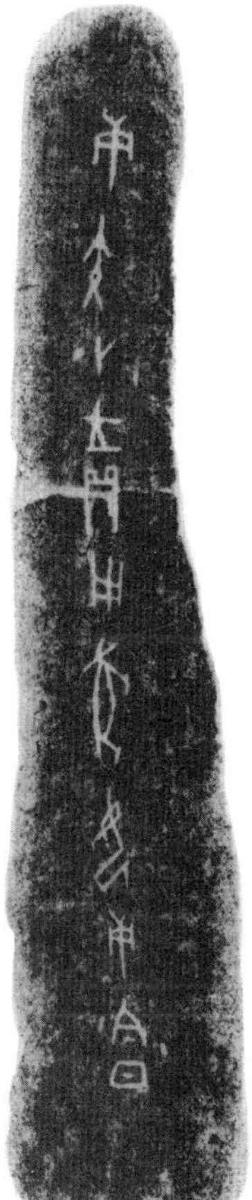

殷虚書契續編卷一

四十二

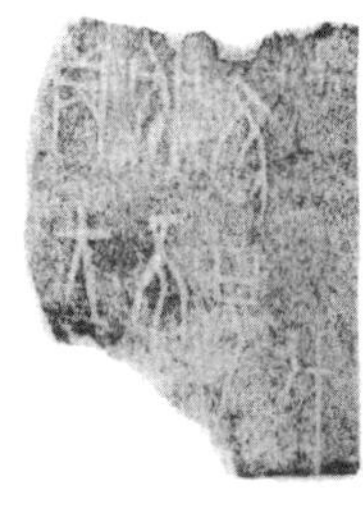

殷虚書契續編卷一

四十四

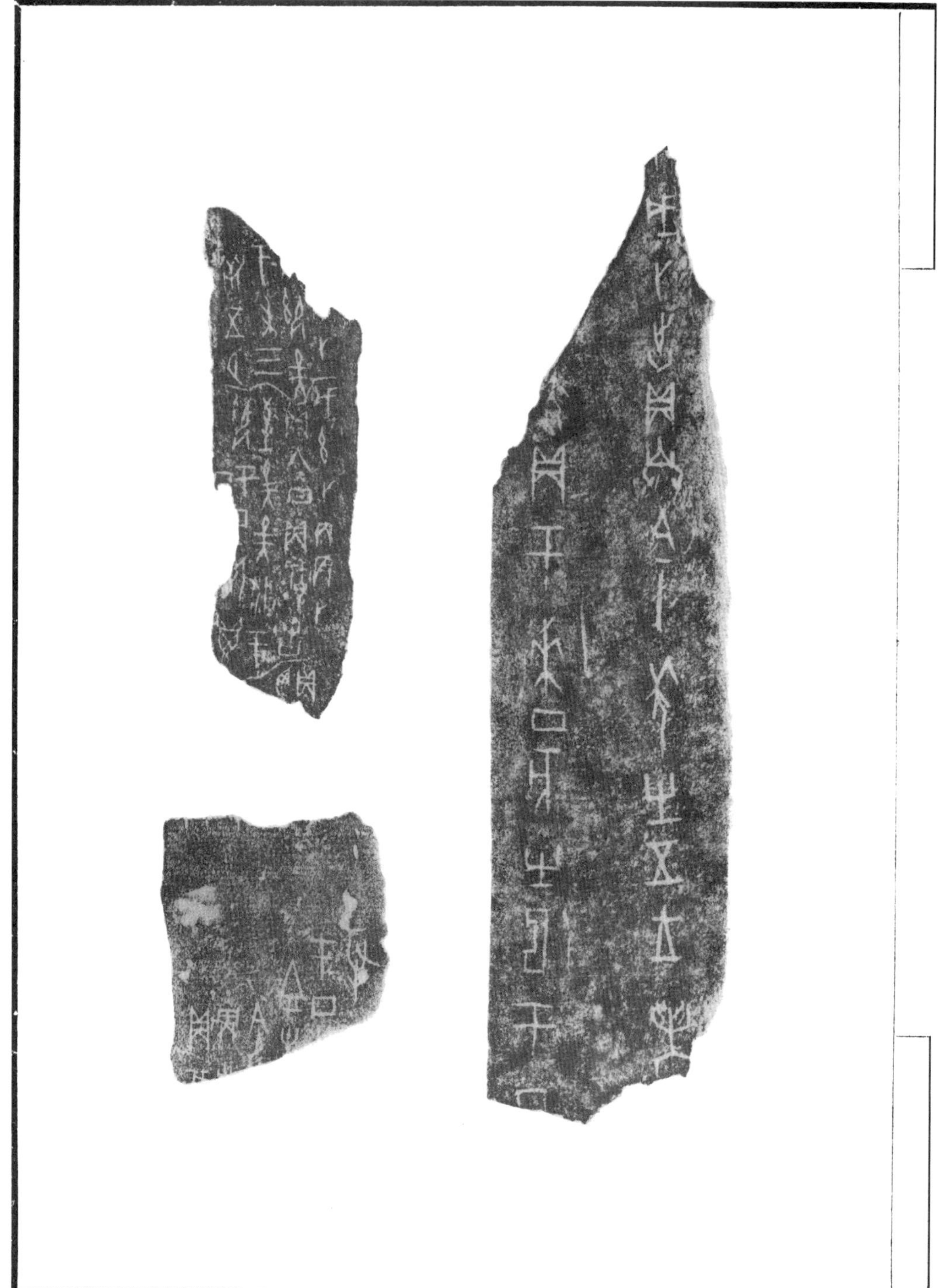

殷虚書契續編卷一

四十五

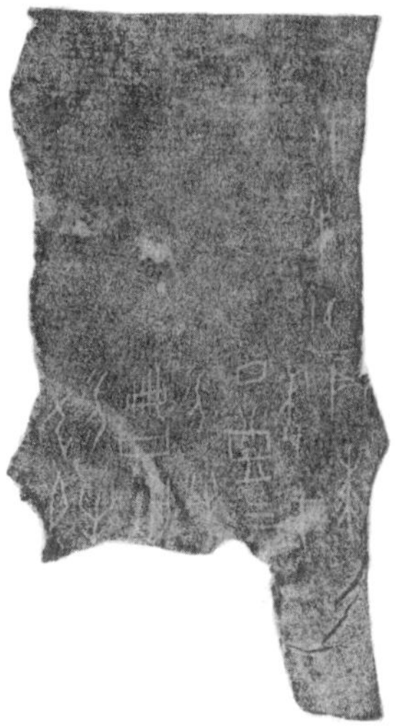

殷虚書契續編卷一

四十六

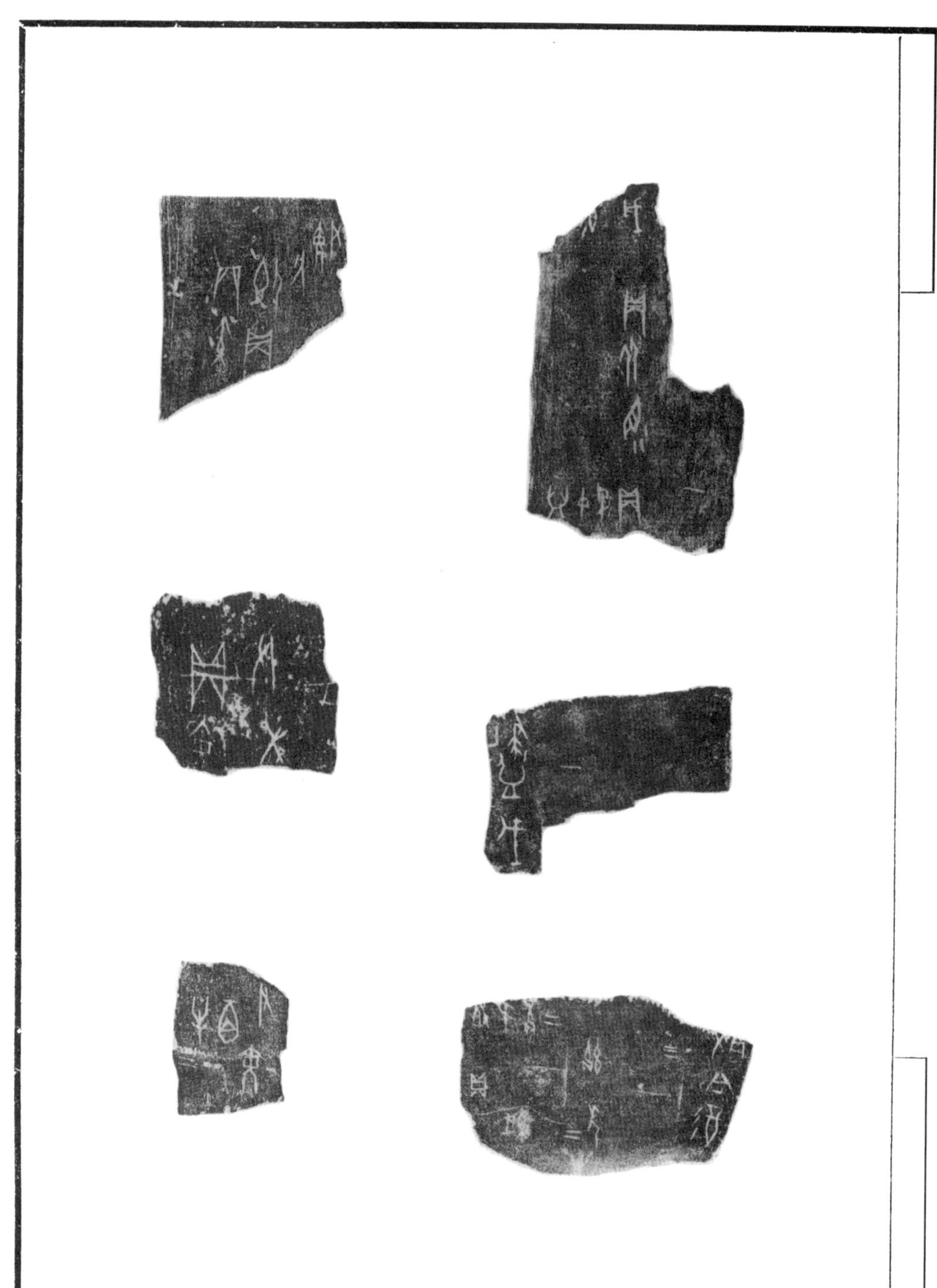

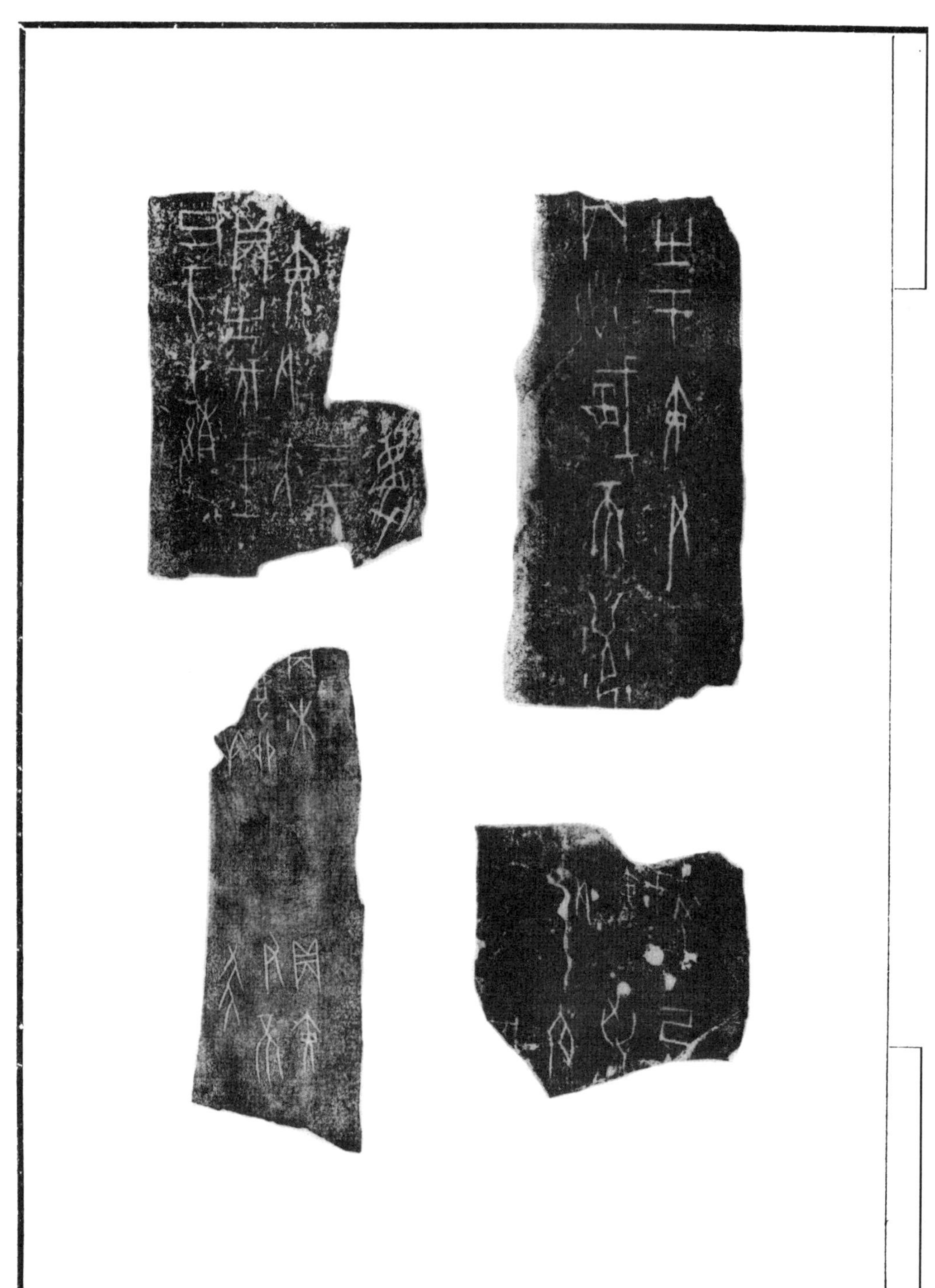

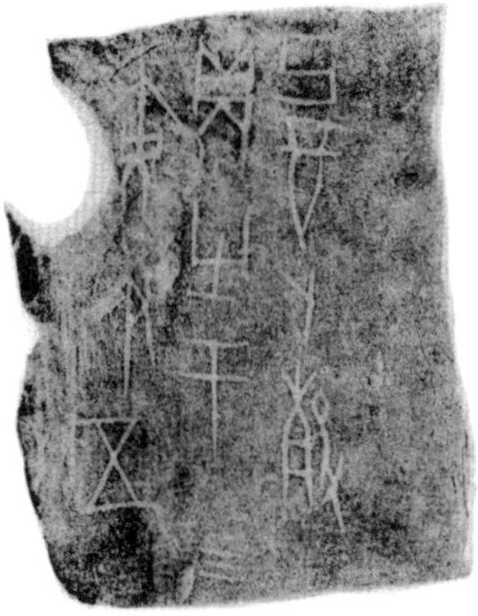

殷虚書契續編卷一

四十八

殷虚書契續編卷一

四十九

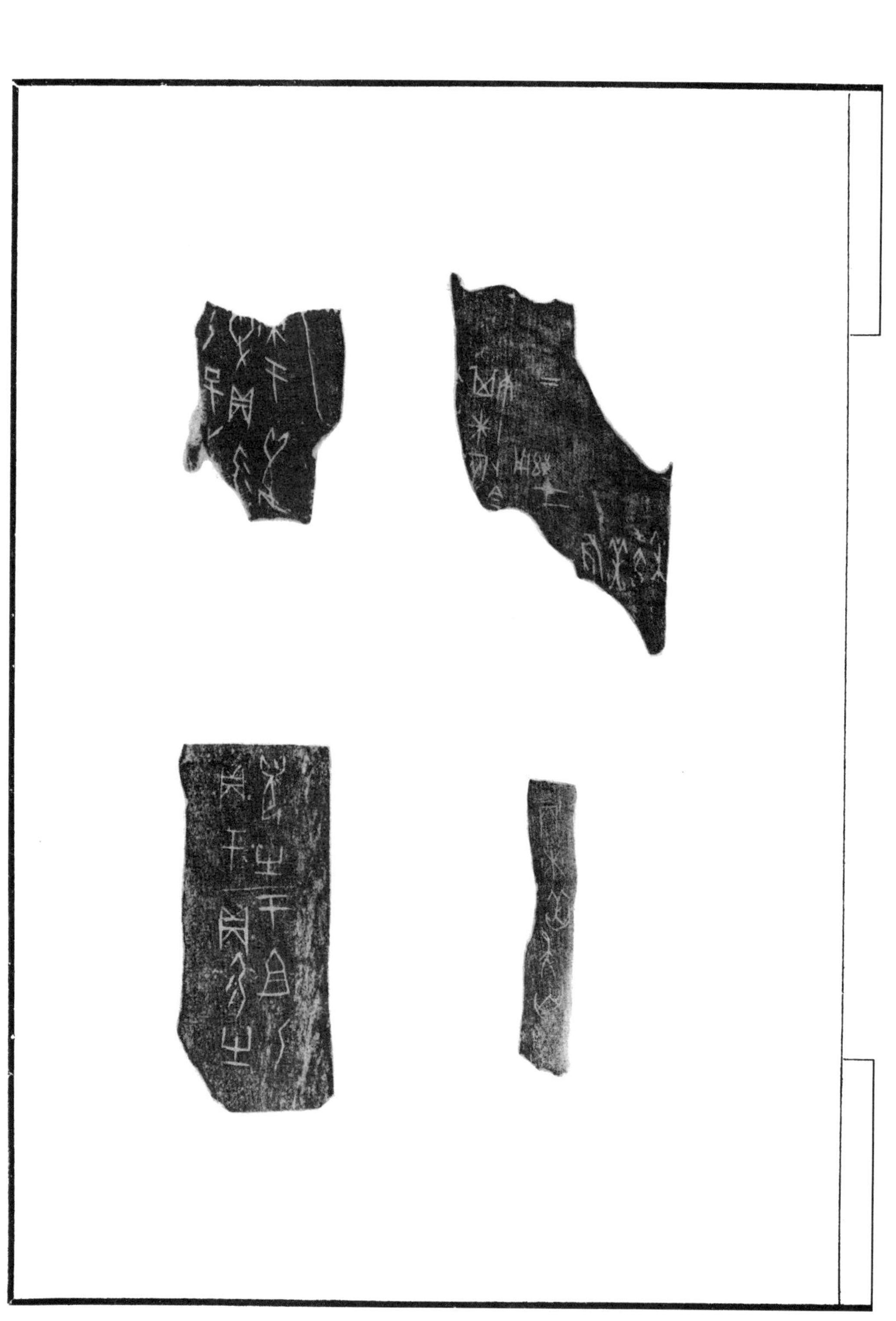

殷虛書契續編卷一

五十

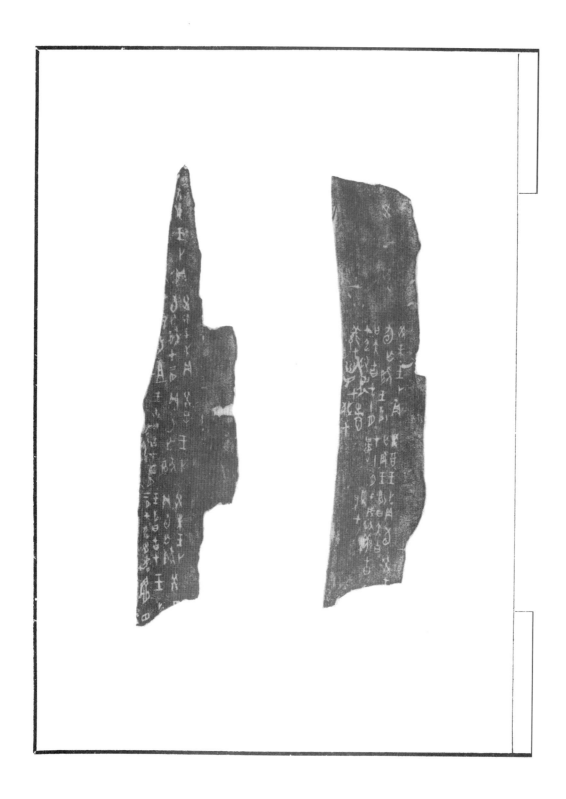

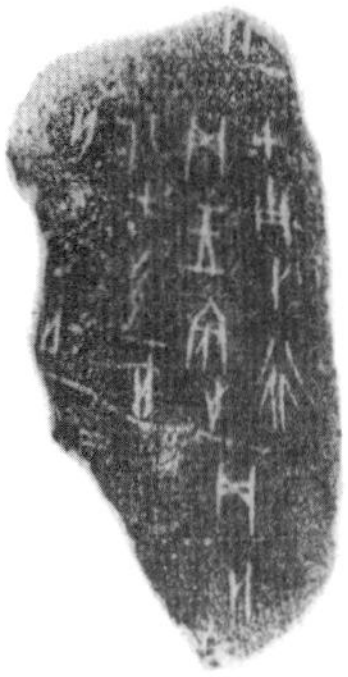

殷虚書契續編卷一

五十二

五十三

殷虚書契續編卷一

殷虛書契續編卷二

集古遺文第一

上虞羅振玉類次

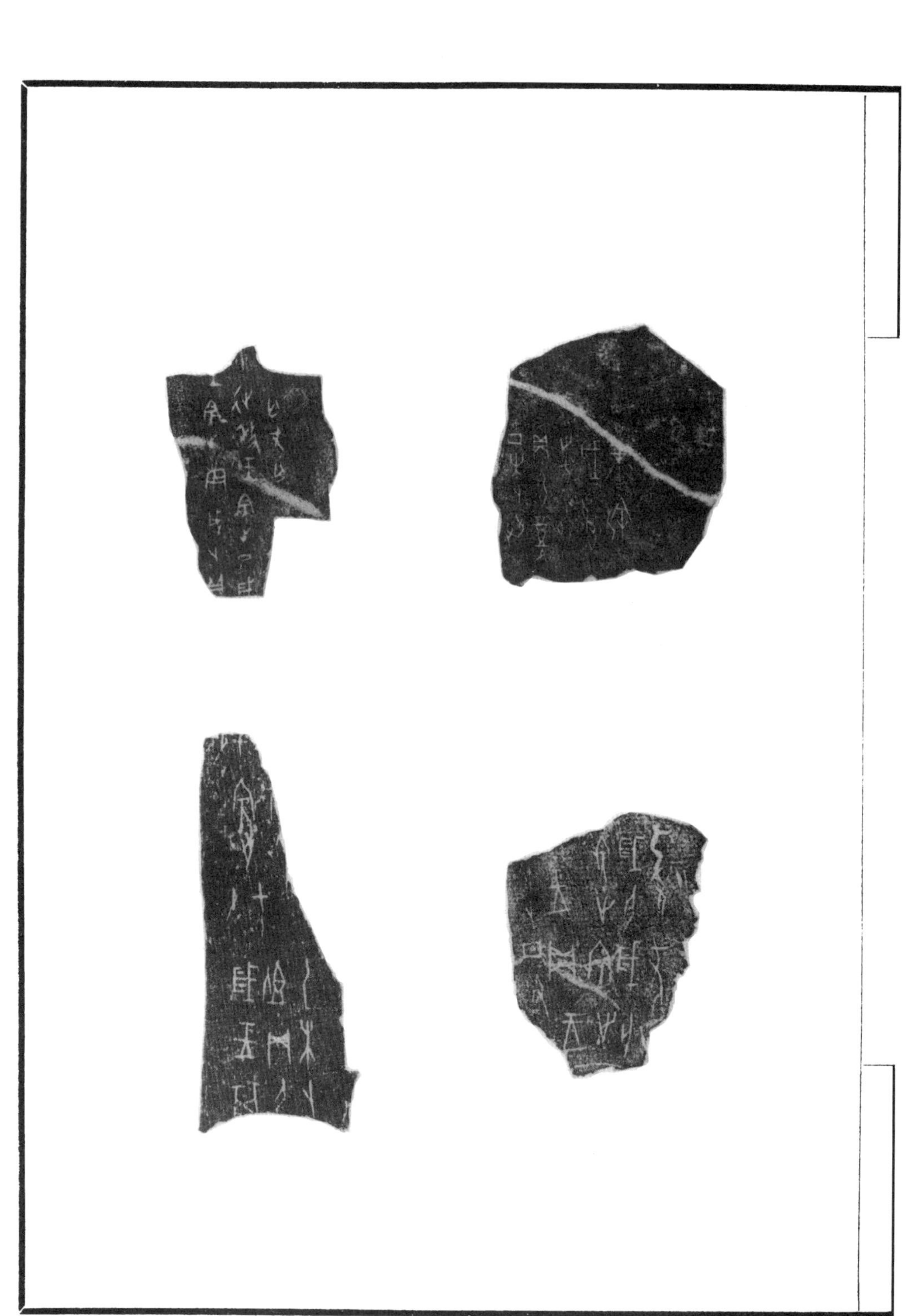

殷虛書契續編卷二

殷虚書契續編卷二

三

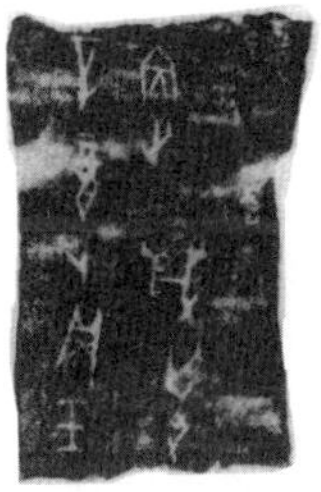

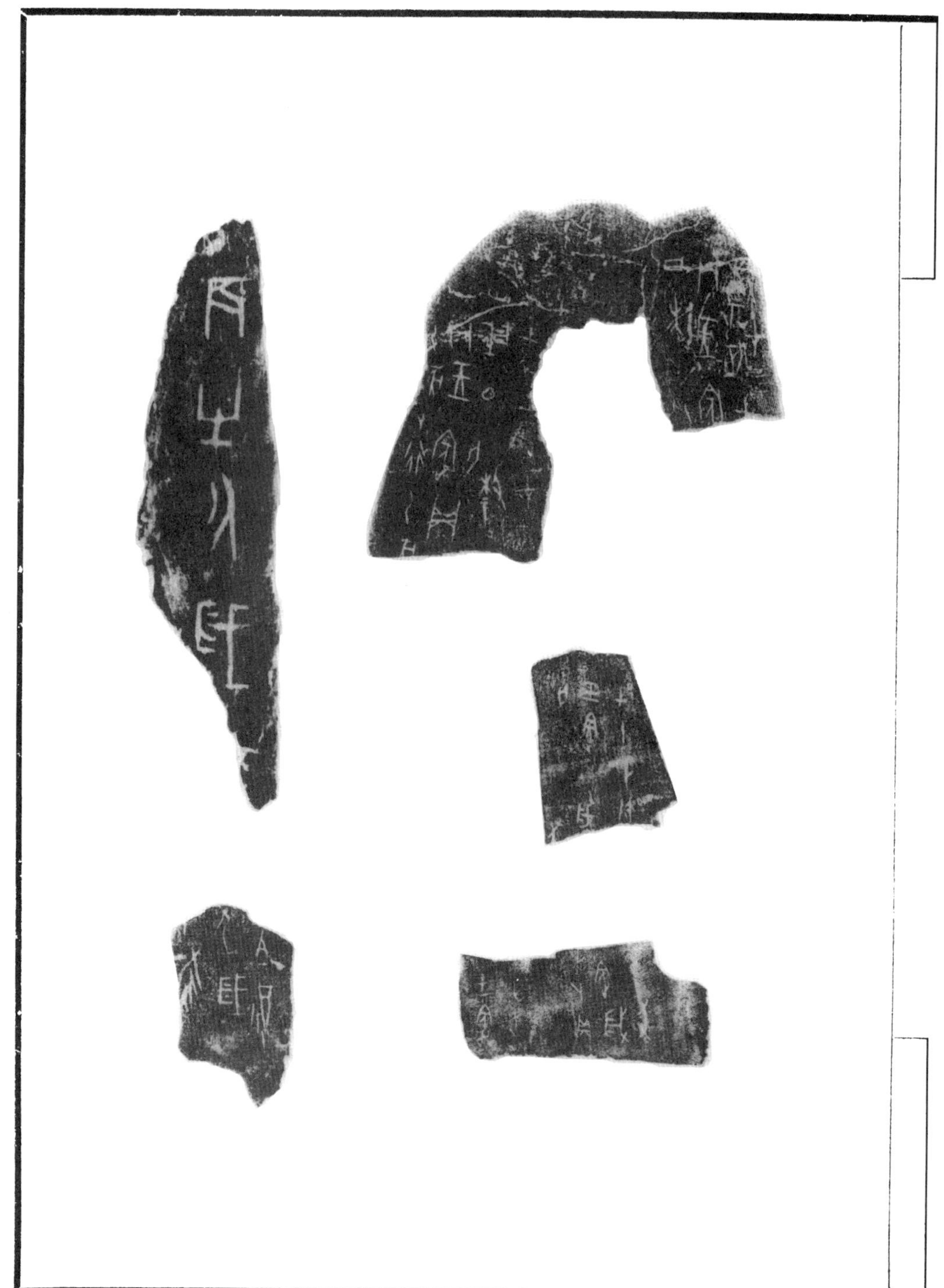

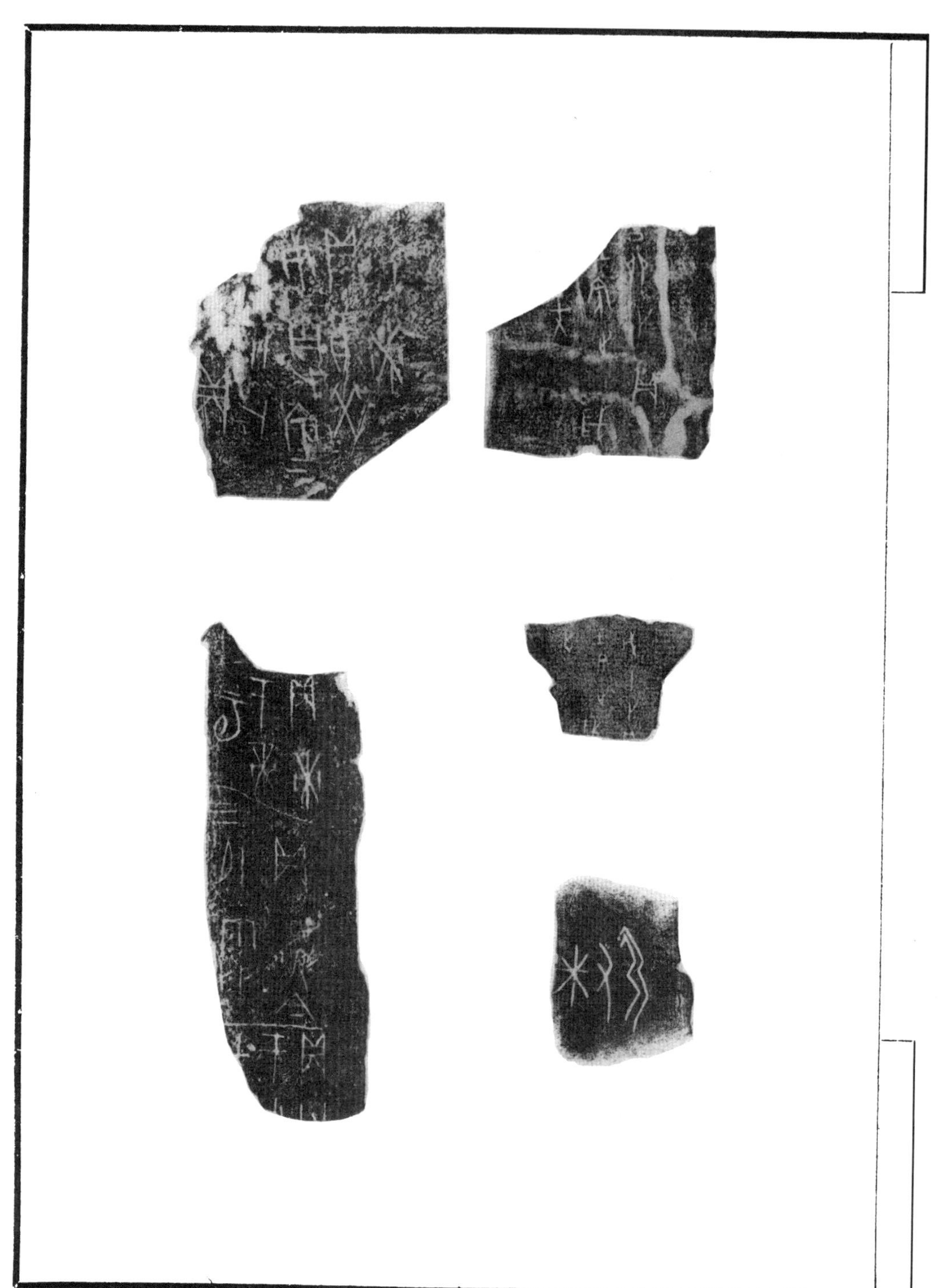

殷虛書契續編卷二

五

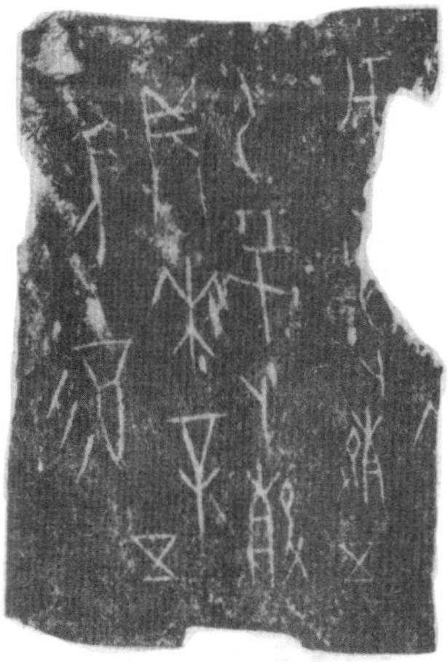

殷虛書契續編卷二

六

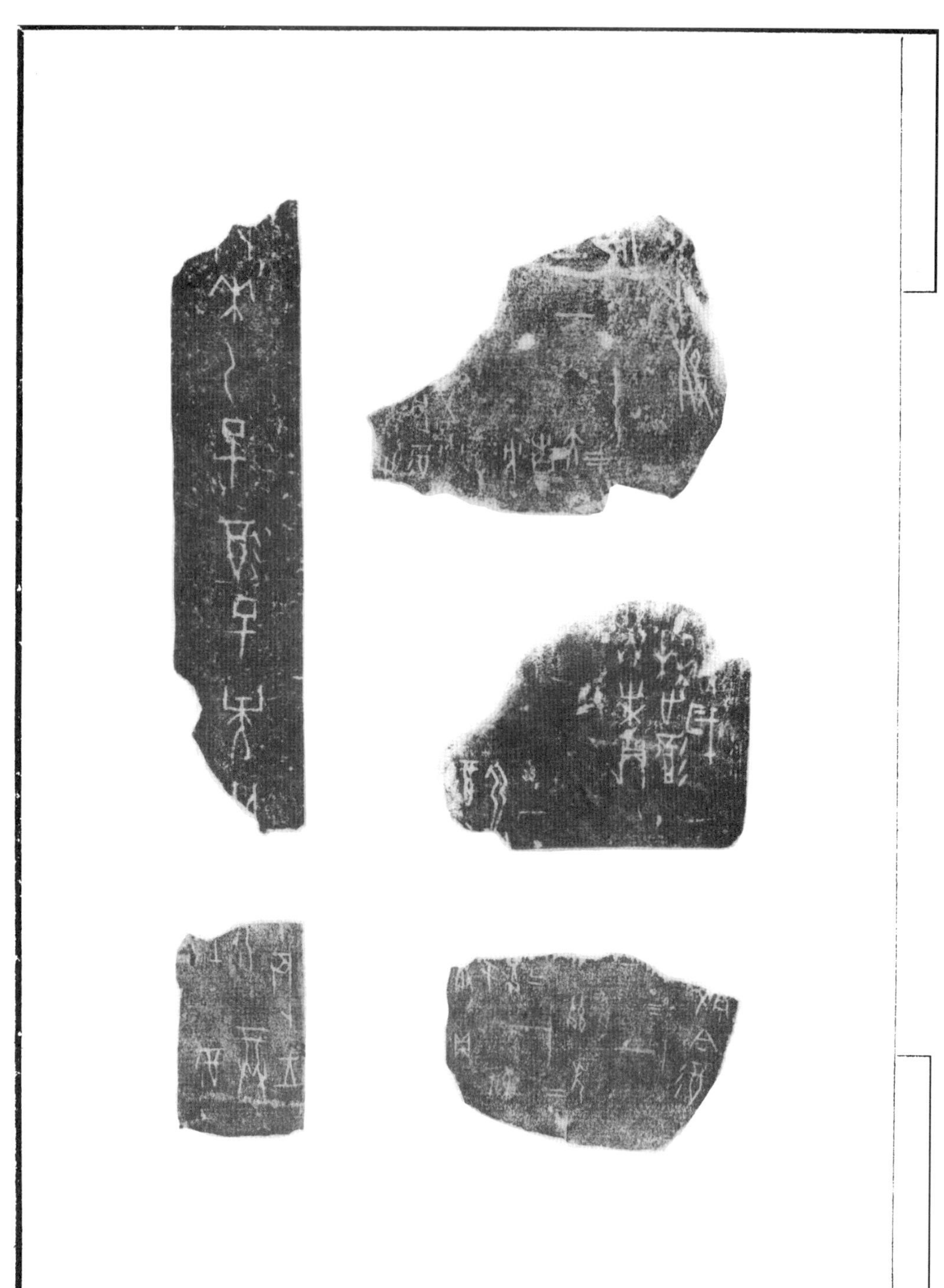

殷虛書契續編卷二

八

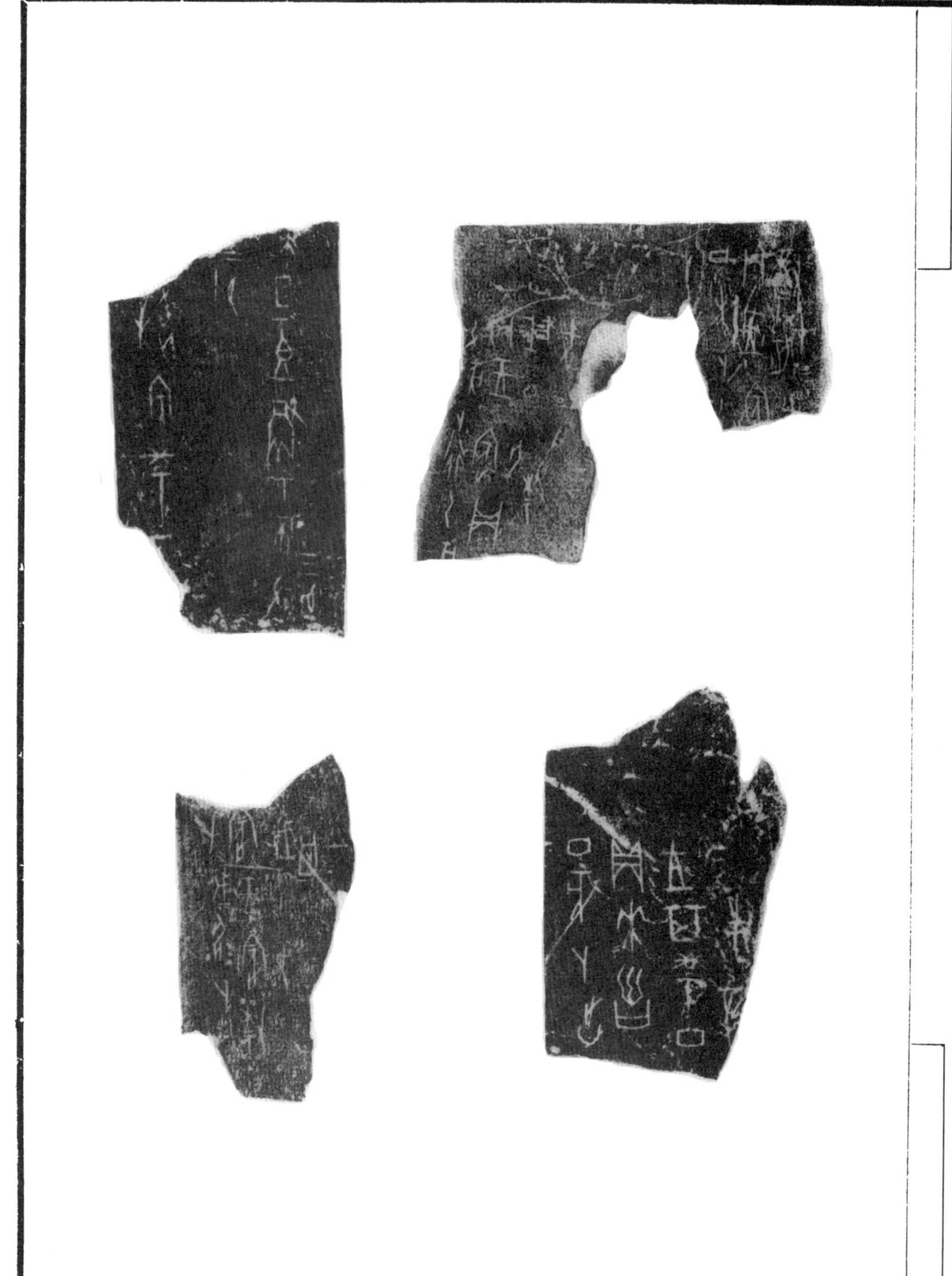

殷虚書契續編卷二

十

殷虚書契續編卷二

十一

殷虛書契續編卷二 十二

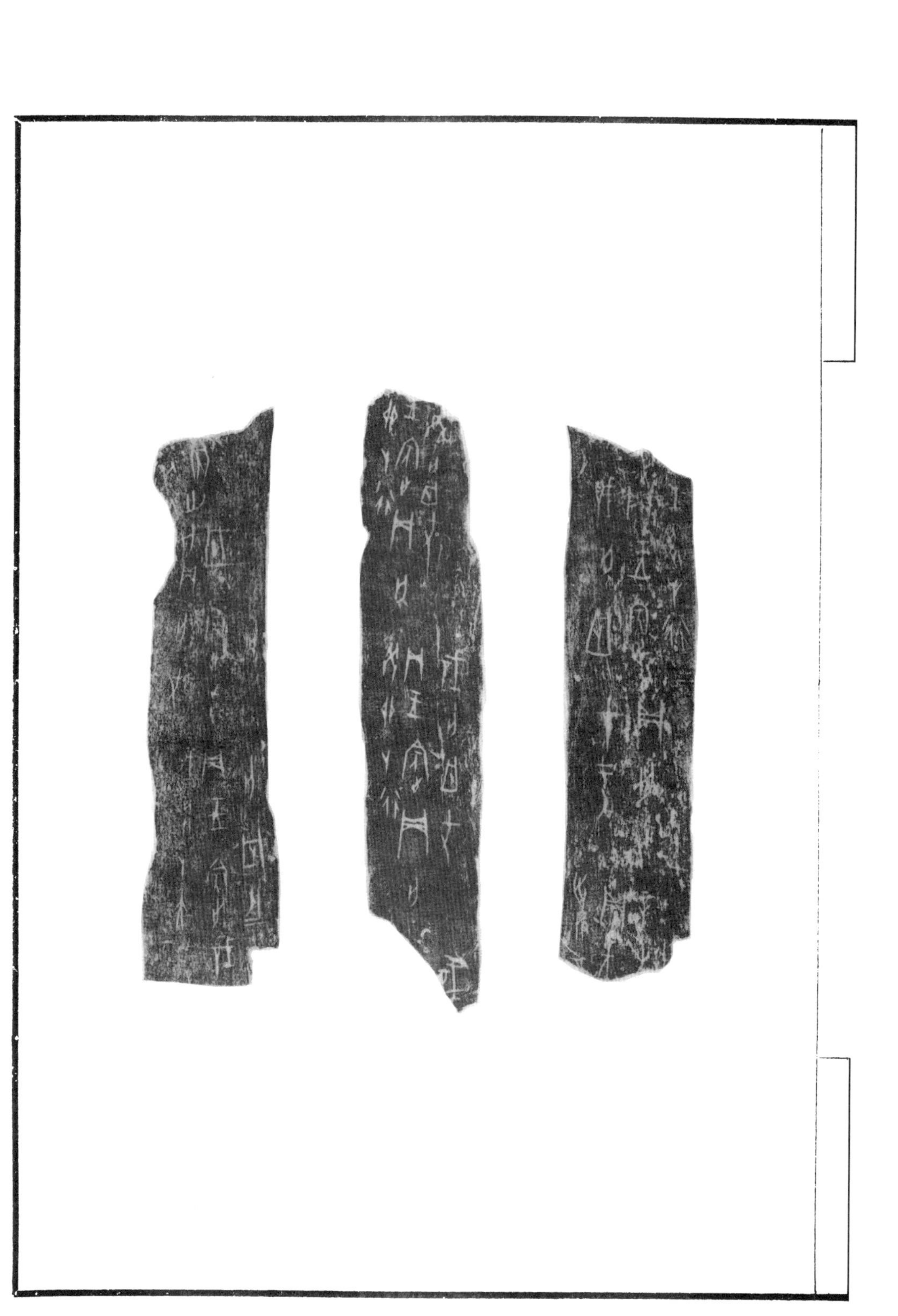

殷虚書契續編卷二

十三

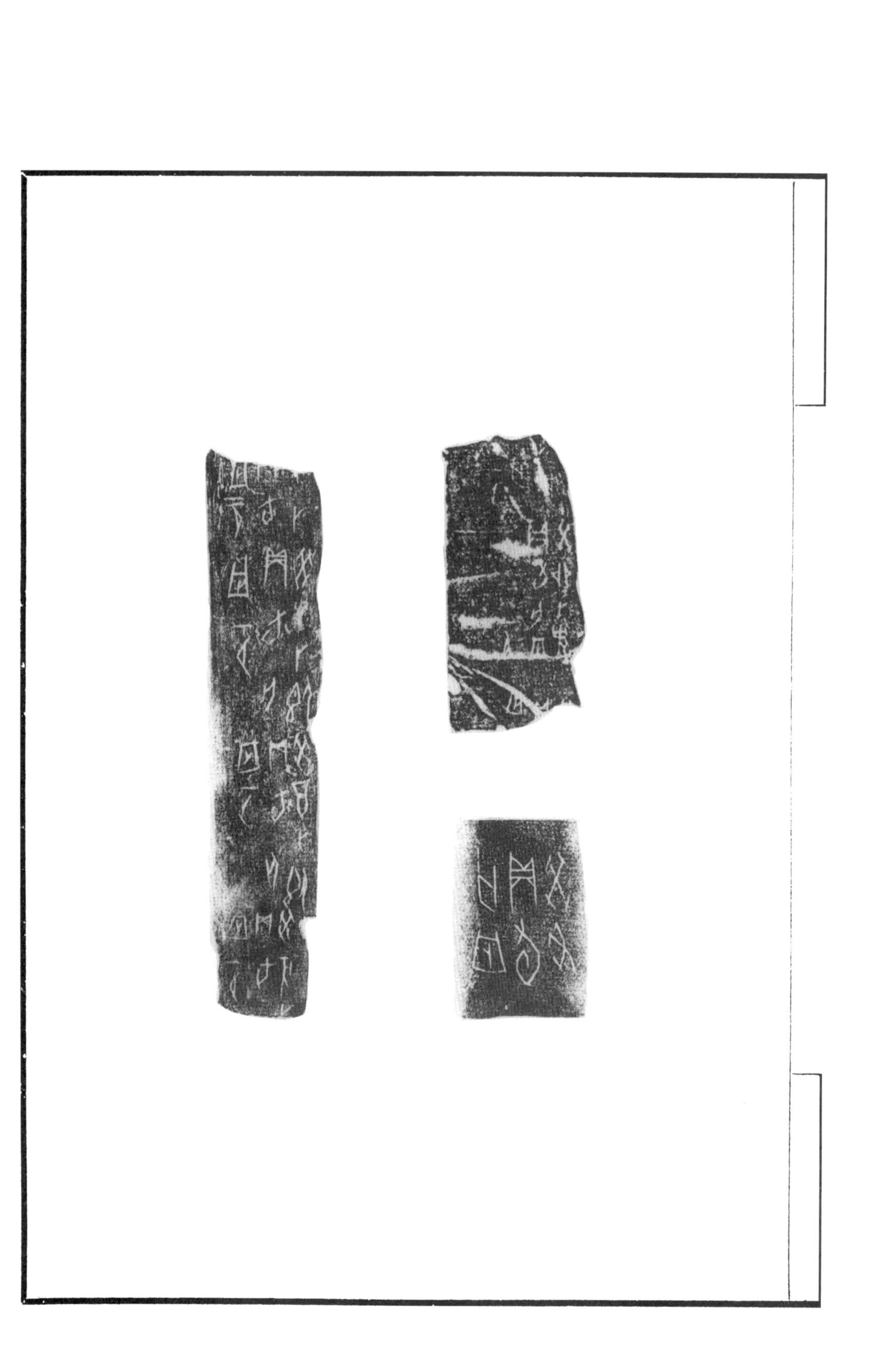

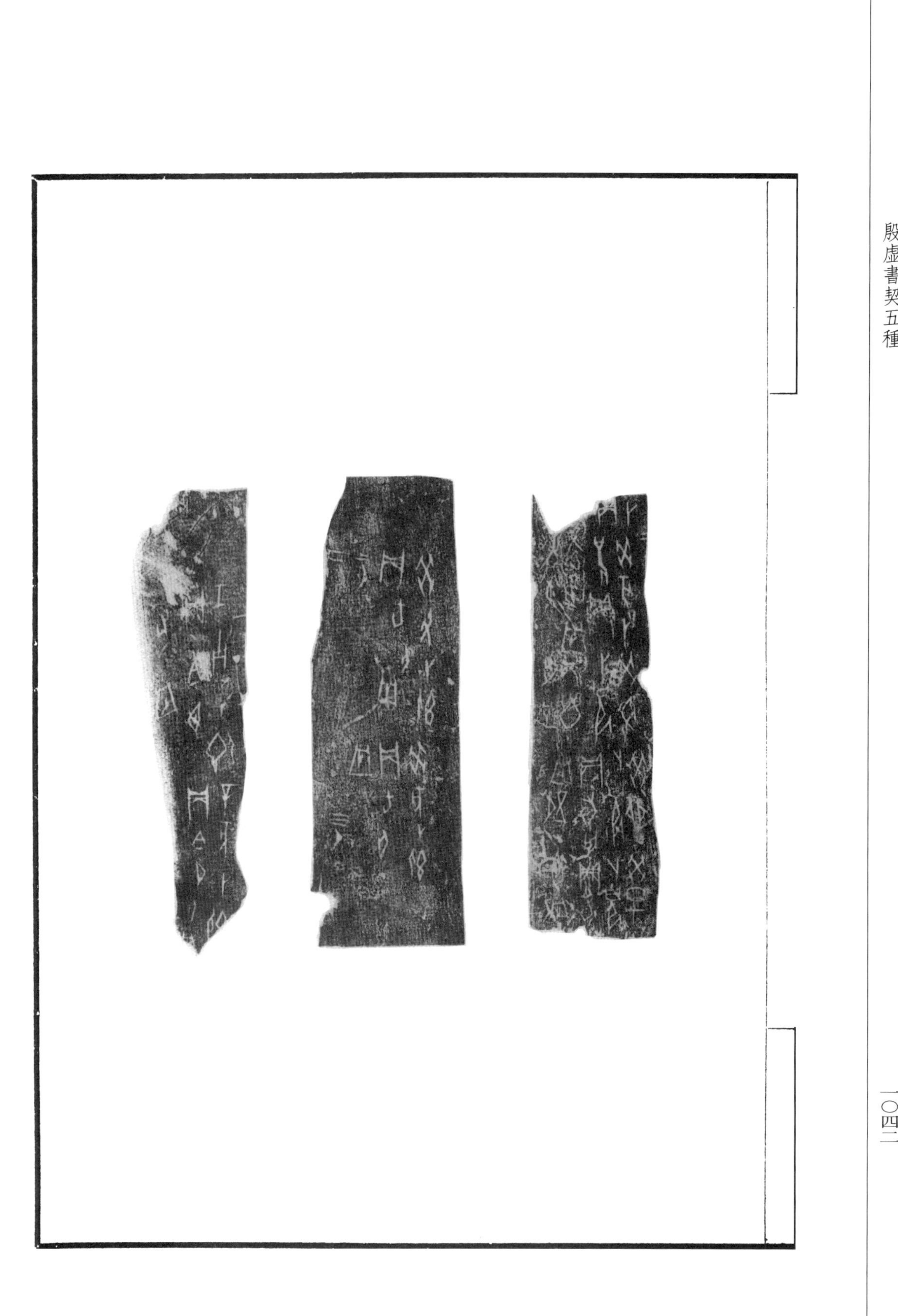

殷虚書契續編卷二

十五

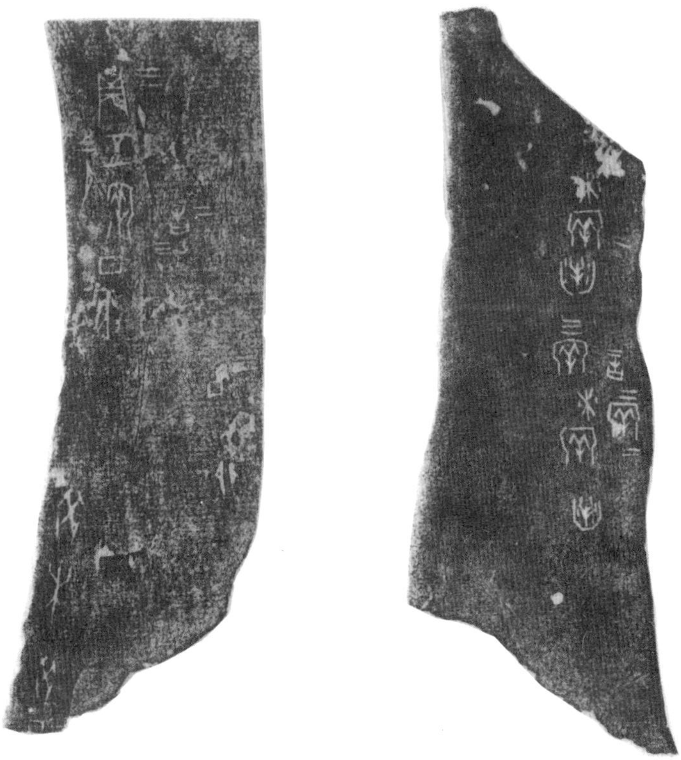

殷虚書契續編卷二

十六

殷虚書契續編卷二

十七

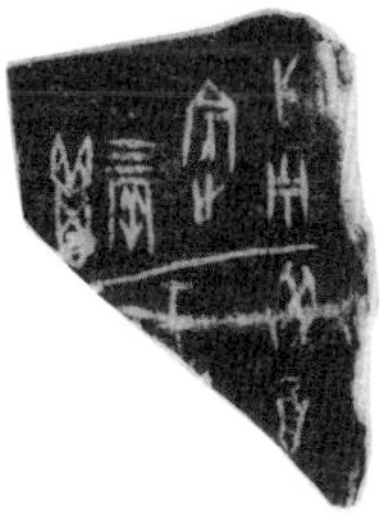

殷虛書契續編卷二

十八

殷虚書契續編卷二

十九

殷虛書契續編卷二

二十

殷虛書契續編卷二

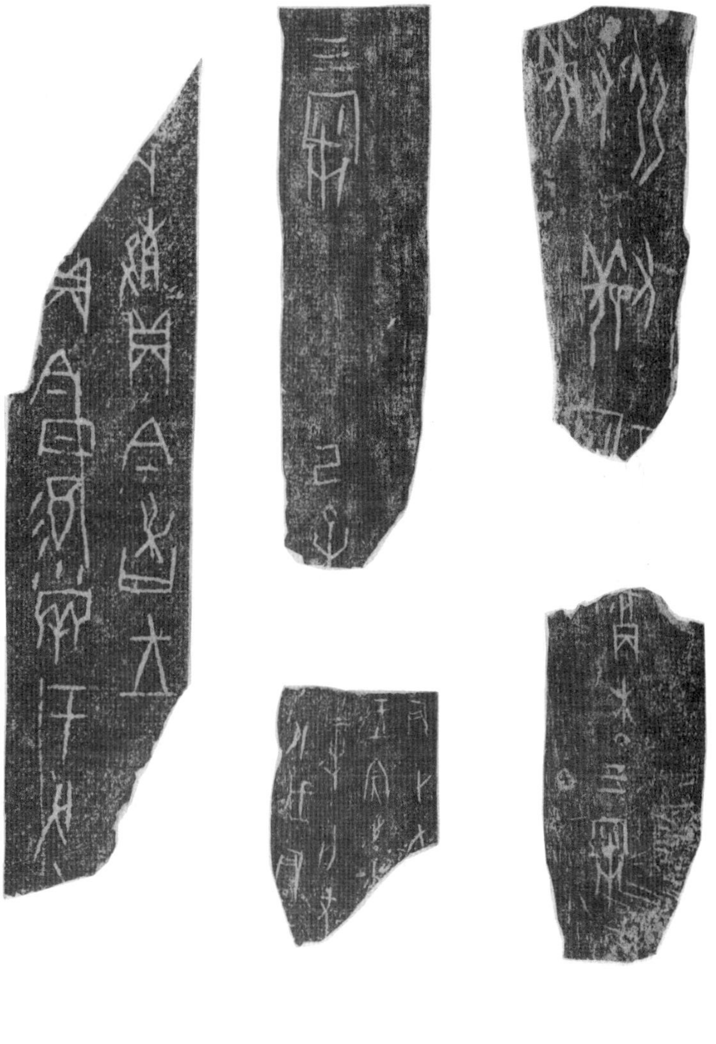

二十一

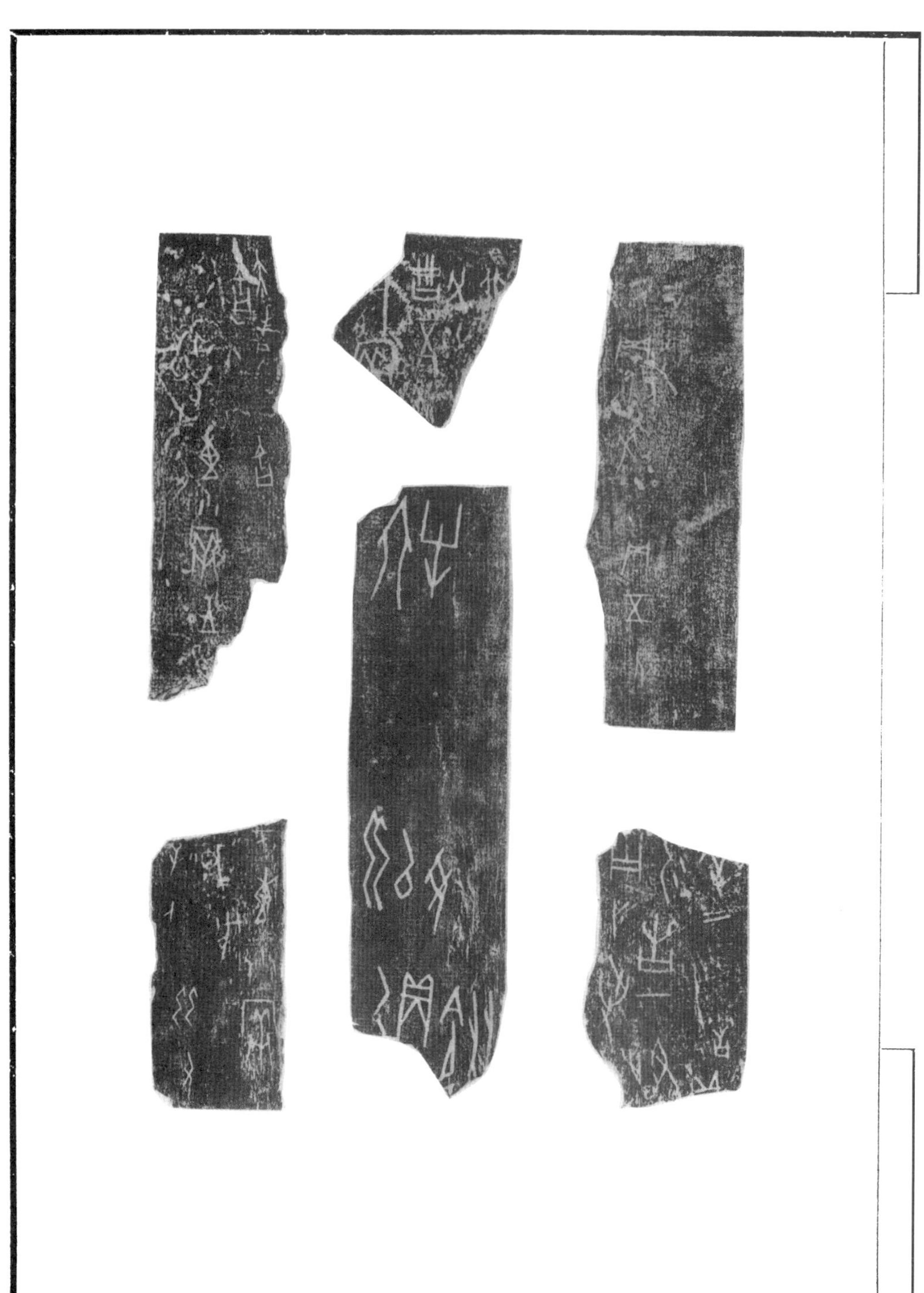

殷虚書契續編卷二

二十二

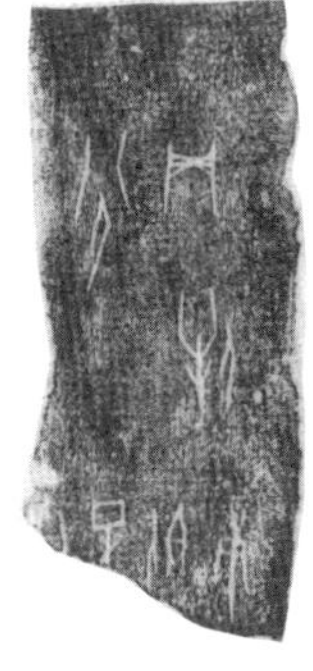

殷虚書契續編卷二

二十三

殷虛書契續編卷二

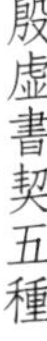

殷虛書契續編卷二

殷虚書契續編卷二

二十六

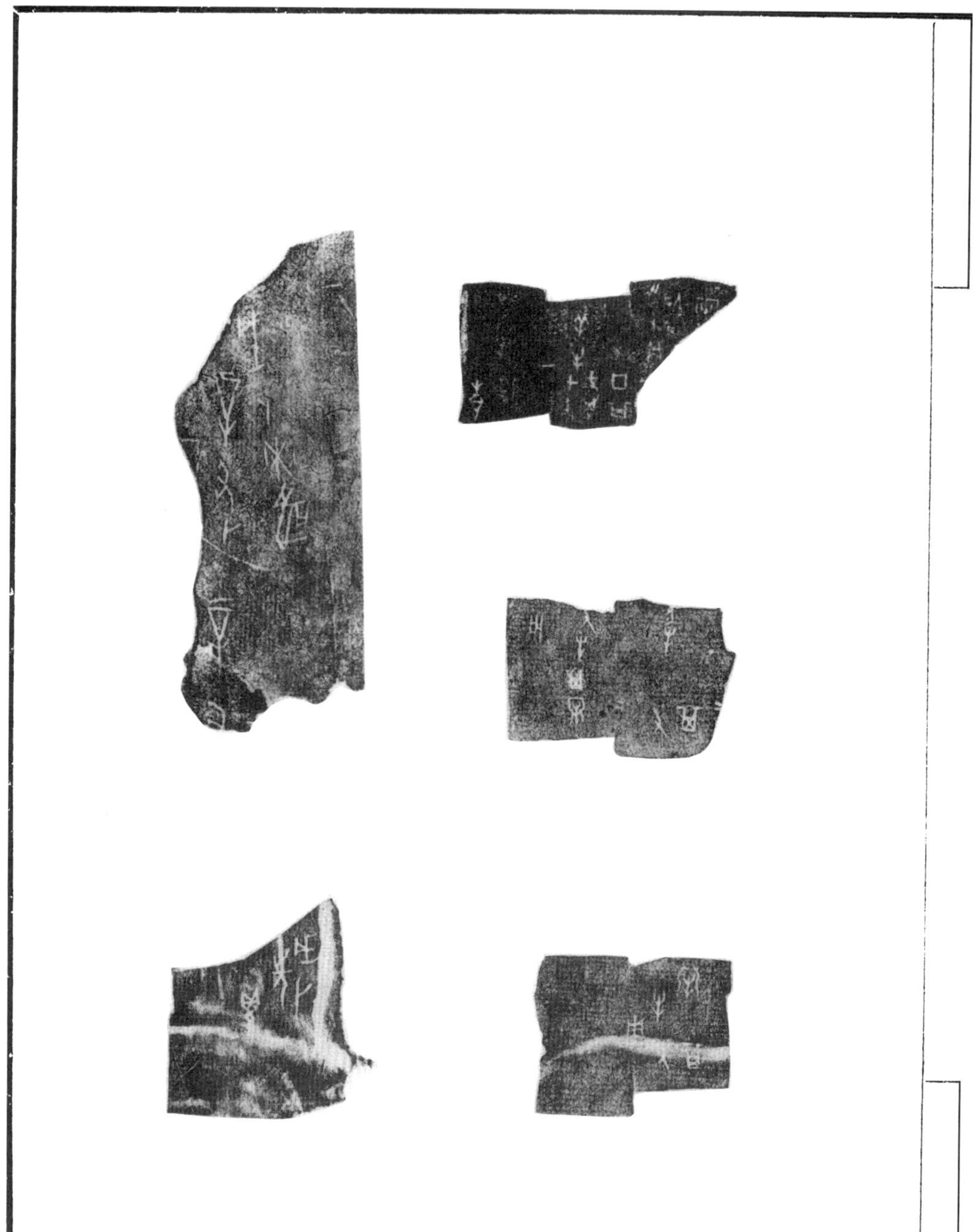

殷虛書契續編卷二

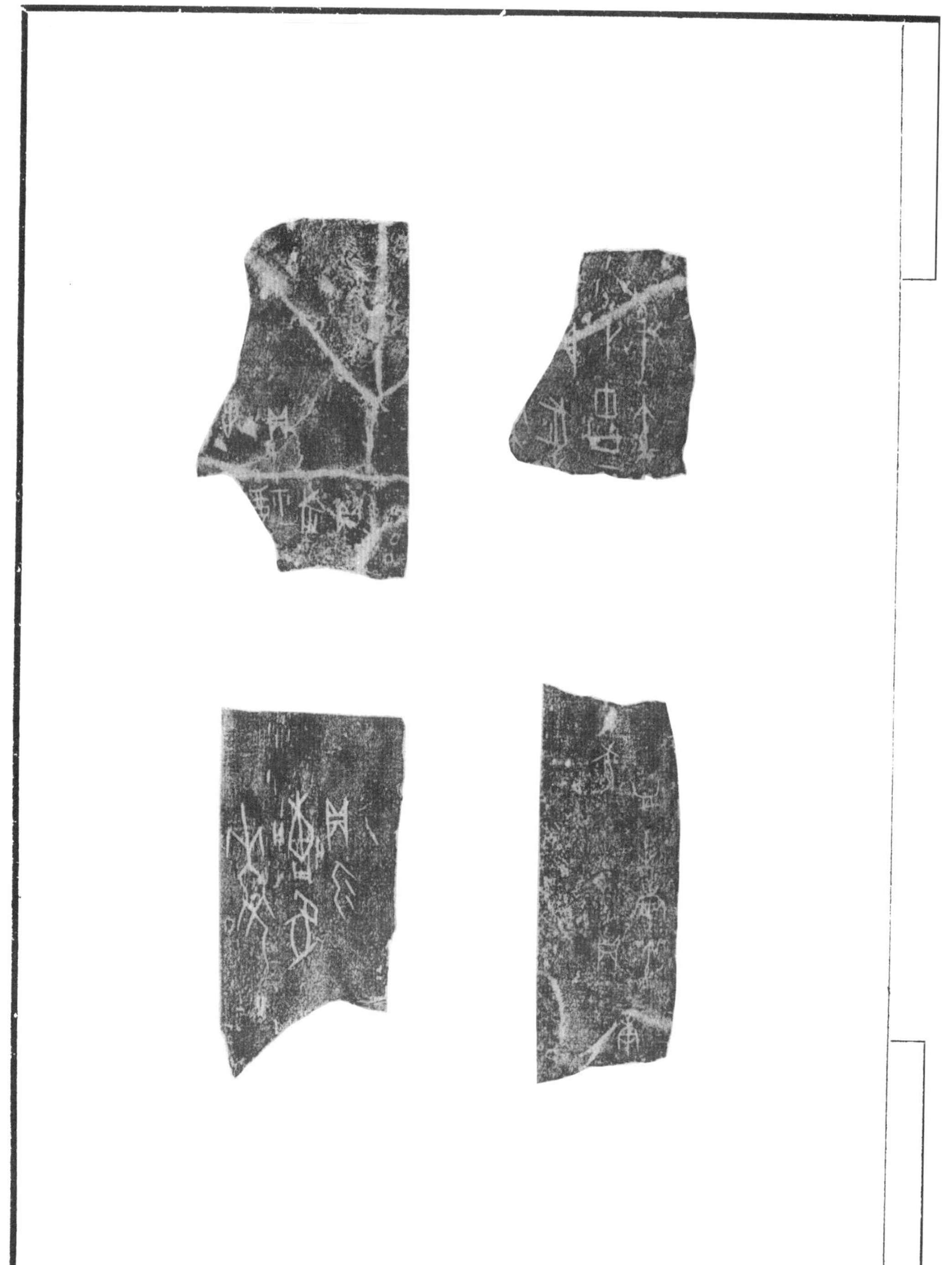

殷虚書契續編卷二

二十八

殷虛書契續編卷二

殷虛書契續編卷二

殷虛書契續編卷二